靈修著作精選

禱告操練7堂課

學習主禱文

羅慶才 著

基道出版社

▼

靈修著作精選

禱告操練 7 堂課

學習主禱文

7 Lessons from the Lord's Prayer

作者
羅慶才 Lo, Hing-Choi

責任編輯
羅慧琪

裝幀設計
奇文雲海 · 設計顧問

■

出版 / 發行
基道出版社
香港沙田火炭坳背灣街 26 號富騰工業中心 1011 室
LOGOS PUBLISHERS
Unit 1011, Fo Tan Ind. Centre, 26 Au Pui Wan St., Shatin, Hong Kong
電話：(852) 2687-0331 傳真：(852) 2687-0281
網址：http://www.logos.com.hk

承印
陽光印刷製本廠

●

9/2016 初版
Cat. No. LP659
ISBN: 978-962-457-522-4

Printed in Hong Kong

刷次	10	9	8	7	6	5	4	3	2	1
年份	2025	2024	2023	2022	2021	2020	2019	2018	2017	2016

目錄

簡介主禱文

耶穌十分重視禱告，每逢要作出重大的決定，祂都會先禱告；祂的門徒對祂禱告的生活，也很認識。因此，他們請耶穌教導他們禱告（路十一1）。這樣，耶穌就留下了一篇簡潔的禱文，讓信徒學習和實踐，這就是主禱文。

一篇奇異的禱文

不論信主已久，還是在初信階段的信徒，都必然認識主禱文；相信這是世界上最為人熟悉的一篇禱文。不過，有學者卻形容主禱文是一篇頗為奇異的禱文。為甚麼？那學者大致上的意思是，雖然這篇禱文舉世皆知，在各地的教會（不論歷史傳統或淵源）都廣泛地被使用，但其中沒有半點內容與基督教教會（或大公和東正教教會）有直接的關係，而與基督信仰有關的「關鍵詞」，如「基督」、「主」、「教會」、「來世」等，一次也沒有出現過。[1]若說這是一篇出自一名猶太拉比之口的猶太教禱文的話，其奇異之處也沒有因而消失，因為禱文中也沒有任何與猶太教有關的觀念，如聖約、聖殿、獻祭、潔淨等。[2]因為我們對這禱文太熟悉了，所以絲毫沒有察覺它的「異」處。這位學者的觀察，對我們是很大的提醒：我們必須以新眼光來重新審視主禱文的意義。

主禱文的記載

正如我們所知，主禱文除了馬太福音的版本外，還有路加福音的版本（十一2～4）。不過，新約學者也告訴我們，其實主禱文並不只出現在這兩處，也曾出現在保羅書信中。在加拉太書四章6節，保羅說：「因為你們是兒子，上帝就差他兒子的靈進入我們的心，呼叫：『阿爸，父！』」（《和合本修訂版》，簡稱《和修》）。在羅馬書八章15節，保羅說：「你們所領受的不是奴僕的靈，仍舊害怕；所領受的是兒子名分的靈，因此我們呼叫：『阿爸，父！』」（《和修》）有學者相信感歎語「阿爸，父！」其實是主禱文的濃縮版，因為這是主禱文開始的稱呼。[3]若論成書日期，加拉太書和羅馬書都是公元五十年代中期成書的，因此年代比馬太福音和路加福音還要早，可見主禱文在福音書的作者將之加入其著作前，流傳已久。

另一較少為人注意的，就是主禱文可能亦在約翰福音中出現。[4]學者相信，就如馬太福音和路加福音的作者都用主禱文來強化他們對耶穌的描述，約翰福音的作者亦有使用主禱文。有學者在分析約翰福音十七章時，看見其中一些觀念和句語，[5]可能與主禱文有淵源，作者把這些源自主禱文的字句融入了他所記載的耶穌的「大祭司的禱告」中。若這分析成立，那麼約翰福音的作者不單對這禱文有認識，也很巧妙地將它運用在其著作中，並產生了十分不同的效果。詳細的對比請參本書頁 8 附表，讀者可自行下判斷。

此外，除了在新約出現外，主禱文亦在經外文獻《十二使徒遺訓》(*Didache*)[6]中有記載，其內容如下：[7]

> 我們在天上的父，
> 願你的名被尊為聖，
> 願你的國度降臨，
> 願你的旨意成就在地，如同成就在天；
> 我們日用的飲食，今日賜給我們

免我們的債，如同我們免別人的債，
不叫我們遇見試探
救我們脫離〔那〕惡者，
因為能力和榮耀屬你到永遠。

一般學者相信《十二使徒遺訓》源起於公元一至二世紀，流傳範圍在現今敘利亞一帶，內容方面很多地方與馬太福音的頗為接近，相信是取材於這福音書。《十二使徒遺訓》基本上是一卷訓練信徒的手冊，可視為最早期的「教理問答」。這著作顯示出，早自公元一、二世紀，主禱文已經是重要的教材。

登山寶訓中的主禱文

簡略地介紹過主禱文的特色及年代資料後，讓我們專注了解主禱文在登山寶訓中的位置及其重要性。

馬太福音的登山寶訓(四 23～七 28)是這福音書記載的耶穌的第一篇講論，被形容為耶穌的「門徒訓練」。[8] 其整體編排分三大部分：(一)馬太福音五章 3 至 16 節；(二)五章 17 節至七章 12 節；(三)七章 13 至 27 節。而每部分均由三個段落組成。我們特別留意馬太福音五章 17 節至七章 12 節這部分。在這裏，耶穌的教導針對三大範疇：律法(五 17～48)、敬虔生活(六

1～18）、和愛心的行動（六19～七12）。在有關敬虔生活的部分中，耶穌討論了三個課題：賙濟（六1～4）、禱告（六5～15）和禁食（六16～18）。而在討論禱告時，馬太福音的編排也呈現出「三步曲」格局：不可取的禱告方式（六5～8）、當學習的禱告方式（六9～13）和寬恕別人的過犯（六16～18）。[9]

作者的編排，是把主禱文放在寶訓的中央位置，反映出這禱文的重要，和作者對這禱文的重視。為甚麼？相信原因是這禱文不只是一篇禱文，甚至不只是一個範本，它還教導了信徒很多關於天國的真理，並屬天國子民的屬靈操練及生活方式。另一方面，若信徒要作這禱告，就必須按照這禱告的內容來生活，所以主禱文其實亦包含重要的道德信念：如寬恕、如何避免各樣試探、簡樸生活、知足等。馬太福音六章25至34節，可說是這禱文的演繹，尤其是「你們要先求他的國和他的義，這些東西都要加給你們了」（33節），正是主禱文的精髓所在。

兩卷福音書中的主禱文

因為路加福音十一章亦有記載主禱文，所以我們可以簡單對比路加福音和馬太福音所記載的主禱文。[10]

在路加福音和馬太福音的主禱文中，學者相信路加所記載的是較原始的版本。路加福音的主禱文內容較短，只有五個命令式句子，[11] 也沒有馬太福音的主禱文那麼明顯的禮儀性和猶太教的色彩，[12] 有學者指出路加的禱文中語句較短，反映出迫切感。請參以下列表：

路加福音	馬太福音
父啊：(2 節) [13]	我們在天上的父：
願人都尊你的名為聖。願你的國降臨；(2 節) [14]	願人都尊你的名為聖。願你的國降臨；願你的旨意行在地上，如同行在天上。
我們日用的飲食，天天賜給我們。(3 節) [15]	我們日用的飲食，今日賜給我們。
赦免我們的罪，因為我們也赦免凡虧欠我們的人。(4 節)	免我們的債，如同我們免了人的債。
不叫我們遇見試探。(4 節) [16]	不叫我們遇見試探；救我們脱離兇惡。
	因為國度、權柄、榮耀，全是你的，直到永遠。阿們。

路加福音的主禱文有以下的結構：

1. **稱呼**：「父啊！」(十一 2)
2. **兩個願望**(十一 2)：有濃厚的末世意義，因為這些願望都不是憑人手可以達成的，而是神的作為。
3. **三個請求**(十一 3～4)：反映對現實生活的關注。

表達出祈求者的的謙卑和信心，並且深信所祈求的必蒙應允。

在路加福音中，主禱文的作用有別於在馬太福音中的。路加的記載使主禱文與耶穌本身的禱告生活相連起來（路十一1）。另一方面，路加福音主禱文的作用是為上文提供了一個實例，因為路加福音十章21至22節記載了耶穌的禱告，而在42節中則形容馬利亞已經得著「上好的福分」，那麼主禱文就說明了這「福分」是甚麼。

今天的主禱文

在現代教會生活中，主禱文的應用甚為多元化。在一些教會傳統的「教理問答」中，主禱文是重要的教材之一，教導初信者學習屬靈操練，尤其是禱告的作用及如何禱告。[17] 在另外一些（如筆者成長的教會）傳統中，似乎對這禱文的重視程度就稍為較低，頗為常見的是在崇拜中以主禱文代替牧師的祝福，或作為一些聚會（如團契）的結束祈禱，感覺上流於形式化。雖然經常使用，卻沒有令人產生更深的反思。在筆者的理解中，這樣的使用方式既非耶穌教導的重點，亦使主禱文失去了作為禱告示範或範本的作用。筆者相信，我們實在有必要重視這禱文，深入地思考其中的意義，並且藉它學習如何向上主禱告。今天，坊間教導禱告的書籍，可說是汗牛充棟，但「萬變不離其中」，所有關於禱告的學習，都離不開主耶穌所教導的模式和理念。

因此，讓我們回歸主禱文記載的初衷，重拾讀主禱文的樂趣，也再次面對主禱文給我們的挑戰：像耶穌一樣禱告。

附表：馬太福音六章 9 至 13 節與約翰福音十七章 1 至 26 節對比 [18]

馬太福音六章	內容	約翰福音十七章
9 節上	我們……的父啊	1、5 節
	在天上的	11、21、24～25 節
9 節下	你的名	11～12 節
	願人都尊……為聖	26 節
10 節上	願你的國降臨	1～2 節
10 節下	願你的旨意行在地上	4 節
11 節	我們日用的飲食	六章 32～35 節
12 節	免我們的債	17 節
13 節上	不叫我們遇見試探	11～15 節
13 節下	救我們脫離兇惡	15 節

1
禱告在暗中的父

你們禱告的時候，不可像那假冒為善的人，愛站在會堂裏和十字路口上禱告，故意叫人看見。我實在告訴你們，他們已經得了他們的賞賜。你禱告的時候，要進你的內屋，關上門，禱告你在暗中的父；你父在暗中察看，必然報答你。

馬太福音六章 5 至 6 節

舊約的十誡中有一條誡命：「不可妄稱耶和華——你神的名；因為妄稱耶和華名的，耶和華必不以他為無罪」（出二十 7）。所謂「妄稱」，意思就是在不誠實的情況下提說神的名字，或在虛假的情況下提說神的名字。這誡命的應用範圍之一是起誓，不論是在法庭上還是商業行為上，起誓時都會提說神的名字。另一個應用範圍是禱告，在禱告中人們也會時常提說神的名字。若是指後者的應用，那麼這誡命除了針對禱告中提說神名字的舉動，更針對禱告者內心的動機，因為外在的行為是內心動機的表達。所以，若要在禱告中能做到「不妄稱」神的名字，禱告者必須正視自己內心的動機，如果動機不正確，那麼禱告者不單在欺騙人，也在欺騙神。誡命很嚴厲地說：「耶和華必不以他為無罪」。

所以，在思想有關禱告的功課和實踐時，我們必須思想禱告的動機，免得我們在利用禱告，把神所賜如此寶貴、神聖的權利，變成個人的工具。

禱告的操練

在登山寶訓的鋪排中，馬太福音六章 1 至 18 節所針對的是三大屬靈操練：施捨（2～4 節）、禱告（5～6 節）和禁食（16～18 節），而值得我們注意的，是耶穌關於禱告的教導是被安排在整段寶訓的核心位置，而著名的主禱文則是這核心中的核心。藉這編排，作者就突顯出禱告這信徒屬靈操練的重要。

這段有關敬虔操練的教導是這樣開始的：「你們要小心，不可將善事行在人的面前，故意叫他們看見，若是這樣，就不能得你們天父的賞賜了。」（太六 1）從這句說話可以知道，這裏所針對的是人內心的動機。所謂「善事」，就是指接著要討論的三大敬虔操練，意思和馬太福音五章 20 節中的「（公）義」相同，而所謂公義，就是神向祂的百姓所要求和期望的行為，所以禱告是公義的行為，是神所要求的。耶穌提醒祂的門徒說，若我們故意把這些事行在人前，讓別人看見的話，那麼所行的就毫無意義，不再是善事了。再進一步而言，行善而故意叫人看見的，就顯明這是動機的問題。所以，耶穌的討論直接針對人的動機：到底我們是懷著怎樣或甚麼動機來施捨、禱告和禁食呢？動機是內藏人心的，是外人看不見的，正因為如此，不正確的動機是敬虔操練上最大的危險、引誘和敵人，能使任何種形式的操練和追求變成空洞，毫無意義。

在這大前提下，我們認識到，就禱告生活的實踐和操練而言，人要知道最大的危險和最可怕的陷阱，並不一定置於外在環境之中，而是在我們裏面。很多時候我們覺得環境令我們無法禱告，攔阻了我們的禱告生活，但比環境因素影響更大的，是人的自我和驕傲，以及人想獲得別人欣賞羨慕的心態，這些是更大的攔阻。

十字路口上的禱告

在教導正確的祈禱動機時，耶穌先從負面方向入手，講述甚麼不是正確的祈禱動機，就是「故意叫人看見」（太六 5）。這話可如何解釋？

耶穌時期的猶太人是一個宗教性十分強的羣體，禱告本來是很平常的事。猶太人習慣每日三或四次定時禱告，耶穌在六章5節所指的，相信可能正是這類定時的祈禱。另一方面，要禱告不一定要跑到會堂去，在任何地方進行也可以。這樣，我們就明白耶穌的話是甚麼意思。我們可以這樣想像：某日，中午時分，禱告的時候到了，我們看見敬虔的猶太人停下手上的工作，或在路上停下來禱告。但有些人卻特別要跑到會堂裏禱告，他們此舉給人格外熱心和虔誠的印象，因為他們讓人覺得他們為了禱告而願意付出更大的努力。至於「十字路口」，就是人流最多最熱鬧的地方，禱告的時候有人站在十字路口禱告，本來很平常，毋須大驚少怪。但我們也可以想像到，在一個非傳統或非習慣的禱告時間，若有人站在人頭湧湧的十字路口虔誠十足地禱告，這就十分觸目了。在他身旁經過的途人，可能不但不會嫌他阻路，更可能會因此羨慕他，欣賞甚至稱讚和尊敬他的虔誠。或許又有某些人會製造機會，使自己在禱告時剛剛到達十字路口，於是順理成章地站在人多當眼的地方禱告，表現得很虔誠的樣子。在他身旁經過的人，不知就裏，所以會向他投以讚賞、羨慕和認同的眼光。

當然，或許在路上或會堂裏禱告的很多人中，內心真正敬畏神的，必然大有人在。他們因某種原因，又或許沒有甚麼特別原因，只是感到需要禱告，就在路上停下來禱告，剛好站在一個十字路口上，這樣難道他們都是「假冒為善」的嗎？如果他們當中有真真正正虔誠的人，那麼耶穌豈不是錯怪好人？但在這裏，耶穌指責的不是表面的行為，祂並不反對人在公眾場所公開地禱告，祂反對的是內心的動機：這些人「愛」站在這類地方禱告。這個「愛」字，可圈可點，正正道出了這些人的動機：他們祈禱，目的並不是與神相交，並不是屬靈和敬虔的操練與實踐，而是為了贏得人的稱讚和羨慕。當他們在會堂裏和站在十字路口禱告時，他們心中想著的並不是神和祂的憐憫與恩典，而是他們將會贏得的掌聲。他們所做的不是敬虔的操練，而是公關，旨在提升個人形象。説穿了，他們在那裏並不是禱告，他們是做「秀」，是利用禱告來滿足個人的慾望。耶穌説，他們也得著了人家的稱讚和羨慕，這就是他們的「賞賜」。

內屋裏的禱告

甚麼才是正確的禱告態度和動機？耶穌的教導是「要進你的內屋⋯⋯禱告你在暗中的父」（太六6）。這話有點兒誇張，即使是耶穌也會在公開場合，和在別人知道及聽見的情況下禱告（太十一 25，十四 19；路十一 1；約十一 41），所以耶穌並不是反對人在公開地方或公眾場合禱告，祂的用意是要我們盡力逃避敬虔生活所衍生出來的誘惑，就是人的羨慕和稱讚——真正的敬虔操練，並不是要得著人的稱讚，並不是做給人家看的；若然，這就不再是敬虔的操練了。人是軟弱的，是很容易跌倒的，所以人要知道自己的弱點，竭力避免落入試探和引誘中，進入「內屋」就是最理想的途徑。

所謂「內屋」，就是一間可以上鎖的隱蔽房間，是可以單獨一個人在裏面的。在這內室禱告，一方面可以不受外來的騷擾，另一方面可以排除任何做「秀」的引誘，因為在內室中，人毋須帶著敬虔的面具。但耶穌的真正用意，並非要指定一處禱告的地方，或規定禱告只能在某類地方進行。祂的話的真正意思，是禱告其實就是人與神之間的事，因此禱告必須以神為惟一的焦點。敬虔的操練是個人的事，毋須讓別人知道，更毋須要得到別人的讚賞和羨慕。

其實，耶穌本身就是一個很好的榜樣，因為祂常常獨自禱告，並且不是在規定的時間禱告，而是在非規定的時間內，有新約學者指這如果不是反傳統，至少也是在傳統以外的做法。在馬可福音一章 35 節，耶穌在天還未亮的時候，就「起來，到曠野地方去，在那裏禱告」，祂似乎禱告了很長時間，以致祂的門徒不知祂發生了甚麼事，四出去尋找祂。另一個例子是耶穌行神蹟餵飽了五千人後，祂先催門徒上船到伯賽大那裏去，打發眾人離開，祂自己其後就「往山上去禱告」（可六 46），相信祂也是禱告了一段很長時間，因為當門徒看見祂在海面上行走時，已經是「夜裏約有四更天」（48 節），即凌晨三至六時。從這些經文中，我們看見耶穌很多時候都是獨自一人禱告，而且祂不是在人們一般慣常的時段內禱告，而是在一些通常沒有人會禱告的時間祈禱。

這些「曠野」和「山上」，就是耶穌的「密室」和「內屋」，是祂與神在禱告中相交的地方。

禱告的目標和對象

耶穌的話很容易引起別人誤會，以為祂反對公開的禱告，和反對在公眾地方禱告，使人心中不覺起了疑問：難道在公眾地方禱告的人都是「假冒為善」的嗎？但即使進入密室中禱告，也可以是人博取別人讚賞的手段，也可以是「假冒為善」者的機會。這樣，耶穌的話的意義何在？

耶穌的教導所針對的，並非人外在的行為，而是人內心的動機和心態：祈禱的人必須有單純的目標和對象。正如耶利米書裏說：「人心比萬物都詭詐……誰能識透呢？」(十七 9) 人內心懷著各種不同的動機，這些動機單純與否，只有當事人本身才最清楚。那麼怎樣才能保持動機純正？在禱告的實踐和操練上，就要以禱告的對象來作衡量，惟獨當人分辨清楚禱告的對象時，才能保持正確和單純的動機。那些「假冒為善」的人的祈禱對象是他周圍的人，但天父的兒女只會以神作為獨一的禱告對象和目標，其他的都是次要。「假冒為善」的人既然以人的喜悅和稱讚為目標，當然會用各樣方法吸引人的注意。但天父的兒女只是要向神傾心吐意，別人的稱讚與否都無關重要。

我們可以想想，若有人按耶穌的吩咐，在需要禱告時進入「內屋」中，關上門，這人的行動可告訴我們甚麼？很明顯，這是個刻意、有意識的舉動，出自很深切的需要，而這禱告的需要驅使他作出這舉動。這舉動不只是離開人羣，還可以使他更專心地與神獨處，因為他正有此需要。這人的禱告，相信不會是敷衍的，必定是出自很深、很迫切的需要。在這「內屋」中，當世界被關在門外時，禱告者就可以專心面對神，他會很清楚知道自己正處於神的同在中。在遠離人的眼光和觀察的地方，與神獨處，表明他的目標和對象由始到終都只是神，他以經歷神的同在為他的動機和滿足。

專注於神

在繁忙的都市生活中，我們如何能夠進入「內屋」禱告？很多香港人的居住環境都缺乏個人的空間，不論我們身在何處，都會碰到人，要找「內屋」實在談何容易！不過，在耶穌的話中，我們多少可以得到啟迪：當我們專一地以神為禱告的目標和對象，我們的內心就是最好的「內屋」。這裏絕對是私人的空間，若沒有我們的准許，外界的事物不能輕易闖進這空間，所以我們學習培養和維持這內裏的空間，要把這空間整理成為一處我們可以與主密切相交的地方。我們要把這內裏的空間打掃乾淨，使它一塵不染，好使我們能夠專一地、專注地面對神。當我們有這內裏的空間作為我們禱告的「內屋」，不論外界的情況如何，我們依然可以保持與神的相交暢通無阻。如果我們的內心是繁亂的，充塞著各樣事情、各種慾望或疑慮，那麼即使我們置於一個真真正正不受外界騷擾的地方，我們依然是無法集中的。

從這點，我們再作推論。如果要我們的內心世界能一塵不染，以致我們能夠專心地面對神，向祂祈禱，那麼我們整個人的信仰生活、屬靈生活能夠與此無關嗎？禱告生活和實踐，豈不是我們信仰生活、屬靈生活整體的一部分嗎？如果我們要有一個打掃乾淨的「內屋」，這豈不是意味著我們整個生活方式、態度、內涵等各方面，也需要作這樣的操練嗎？專注於神其實是屬靈操練的最終方向和目標。如果我們期望能夠向神禱告，那麼我們整個人生命的每個角落，都必須能夠集中在神這個目標上。若從登山寶訓來看，我們這「內室」中的禱告操練會直接影響我們如何施捨、愛仇敵、以愛勝惡、誠實、貞潔、寬恕、敬虔，更會影響到我們能否實踐天國的生活準則，就是「八福」。這就是禱告的功課被安排在登山寶訓的中心位置的意義和作用。「內屋」的禱告好比單車車輪的軸心一樣，其影響力可以延伸到我們生活的每個層面和角落，但也同時受生活各樣事情所影響。

總結

詩篇一百三十九篇的話很能夠配合耶穌的教導，詩人這樣禱告：「神啊，求你鑒察我，知道我的心思，試煉我，知道我的意念，看在我裏面有甚麼惡行沒有，引導我走永生的道路。」(23～24節)我們明白嗎？詩人的話的大前提，是神已經完全、透徹地了解和認識他，因為他這個人的形體是神親手塑造的。在這大前提下，詩人自信地表示他可以把內心、他的生命、他的一切，完全向神敞開；面對神，他毋須有任何隱瞞或逃避。這樣的禱告，是能使人的生命得著更新的。

求主光照我們的內心，掃除裏面不正確、不單純的動機和念頭，使我們的禱告能夠暢通無阻地達到主的施恩座前。

禱告

滿有憐愛的主耶穌，感謝祢！祢願意臨在一個平凡像我的人的生命中，與我同行。主啊，幫助我知道如何察驗祢的臨在。主啊，鑒察我，潔淨我，教導我學習在隱密處與祢相交的功課。阿們。

思考問題

❶ 在這段經文中，耶穌的教導對你最重要的提醒是甚麼？

❷ 你覺得現時的禱告生活最大的不足是甚麼？

❸ 進入內心的密室中向父禱告最大的困難是甚麼？

實踐建議

在我們的禱告生活中，其中一種攔阻就是不能專心，每當平靜下來時，各種思緒就湧入內心。當我們遇到這情況時，我們可以嘗試以下的方法，幫助我們真正關上面向世界的心門：

❶ 安排一段時間（可以介乎十五至二十分鐘），在一處能安靜的地方，調節自己的呼吸，反覆地背誦詩篇一百三十篇 1 至 2 節。

❷ 在緩緩地背誦時，讓自己的思想集中在經文內容上，讓它幫助你向主禱告。

❸ 倘若發覺有雜念闖進，可以稍作停頓，然後繼續。

❹ 完結時，以主禱文結束。

2
所需要的，早已知道了

你們禱告，不可像外邦人，用許多重複話，他們以為話多了必蒙垂聽。你們不可效法他們；因為你們沒有祈求以先，你們所需用的，你們的父早已知道了。

馬太福音六章7至8節

幾年前《明報》上有三段新聞，都與我們關心的事情有直接的關係：第一段的標題是「港股最大點數跌幅；跌穿牛熊線，兩日蒸發二萬五千億」。第二段新聞的標題是「上月通脹百分之三點八，十年新高；學者料今年百分之四，政府八號幹線減費紓民困」。報導中引述經濟學者的說話，指「假若熊市到臨，股市連續下跌將有『負財富』效應，經濟放緩令市民收入減少，同時通脹受港元疲弱影響持續上升，令市民受兩面『夾擊』嚴重影響生活質素，指政府大幅減稅和寬免差餉可帶來短期紓緩」。第三段新聞是發生在廣州的，有人因為受不了物價上漲而跳樓自殺，據報那人在跳下前高呼：「漲價太快，我受不了。」

借用狄更斯（Charles Dickens）的話：「這是最好的時代，也是最壞的時代。」最好是因為經濟十分蓬勃，令人有無限憧憬，而最壞則是因為實在有太多隱憂，令人忐忑不安。這令人充滿疑慮的時代，正是我們重新思考和學習禱告功課的機會。

禱告的時候

經文的開始是：「你們禱告」，「你們」所指的是耶穌的門徒，所以這話是針對耶穌的門徒說的，也因此指出了耶穌門徒的標誌是甚麼，就是禱告。此外，這話有兩項假設：（一）耶穌的門徒有禱告的習慣，而作為耶穌的門徒是會重視禱告的，是會時常實踐禱告功課的。（二）我們需要禱告，這需要是出自人生命和心靈的深處，是人性的一部分；人天生有禱告的需要和衝動，禱告反映出人的本質是甚麼：人是受造之物，無法自我解決生命中最基本的需要。這些都是很重要的假設。儘管不相信神的人會很堅決地認為禱告是迷信的舉動，是自我陶醉，甚至是自我麻醉，因為到最後關頭，人還是要憑自己的雙手解決問題。不過，這都是人的自我欺騙，因為按人的本質，就是有禱告的需要。

在這基礎上，耶穌教導祂的門徒正確的禱告方式和內容。耶穌的教導，按登山寶訓裏的習慣先從負面的入手，教導門徒說：「你們禱告，不可像外邦人」，這話提醒了我們，原來即使是耶穌的門徒，禱告時也可能變成跟「外邦人」一樣。初期教父屈梭多模（John Chrysostom）曾這樣說：「在這事上，信徒有時不單模仿外邦人，有時甚至超越了！」所以，對於這危險，我們是不能掉以輕心的，不要以為身為耶穌的門徒，我們禱告的態度和動機就一定是正確無誤的。

重複的空話

甚麼是外邦人的禱告方式？就是「用許多重複話」。《和修》的翻譯是「不可像外邦人那樣重複一些空話」。所謂「空話」的意思，其實是指胡言亂語、語無倫次，甚至乎是一些沒有意義的聲音。為甚麼外邦人祈禱時會用這「語言」？有學者相信「空話」所指的是外邦人祈禱時的咒語，亦有學者指古代人祈禱時以為要用天上諸神的說話，這些神才能聽懂人的祈求，而他們以為這些咒語或沒有意義的聲音，就是天神的語言。但不論如何，他們以為用這些「重複」的話是有效的禱告途徑和方法。這現象多少反映，在古代社會中，有時祈禱與法術之間的分別存在很多含糊的地方，祈禱很容易變成魔法。而魔法的作用，是控操神靈以達到特定的利益；魔法是人佔用神的能力，把神的能力據為己有的途徑。在耶穌的教導中，這些都不能算是祈禱。在耶穌的教導中，祈禱的動力完全是另外一回事。

許多的話

除了不要「重複」用「空話」話外，耶穌也教導我們不要像外邦人那樣，用「許多」話，以為「話多了必蒙垂聽」(太六 7)。「話多」除了因為「重複」，還可能有其他因素。例如，外邦人祈禱之所以「話多」，原因之一是他們祈禱時，習慣上會提說所敬拜的神的諸多名字或名號，又或在禱告時，祈禱的人會反反覆覆、來來回回地說著相同的內容，以為話多了，會增加蒙神垂聽的機會。這些都是常見的有關祈禱的毛病。當然，「話多」了，祈禱自然會變成長篇大論，而在旁人眼中，可能會留下虔誠的印象；這樣，「話多」的禱告也可能是出於不正確的動機——企圖藉長長的禱告，在人面前表現自己的「屬靈」和「敬虔」。這樣祈禱的人，是犯了馬太福音六章 5 至 6 節中所提及的毛病。

「話多」的背後，應該隱藏著一種理解，就是以為說話是帶著一些法力的，而「話」愈「多」，發揮出來的法力就愈大。如果祈禱的人帶著這樣的假設或念頭祈禱，那麼這人祈禱的最終目的就是要影響神的旨意，甚至操縱神，把神的能力導向自己心目中所想望的目的之上。所以，說到底，「話多」的禱告只是反映祈禱的人內心的態度，在外邦人的環境或信仰中，這樣可能是可以接受的，甚至是屬靈和宗教上的美德，但在耶穌眼中，這不是正確的禱告方法。

日常生活所需

那麼，耶穌有何正面的教導？祂說：「你們不可效法他們；因為你們沒有祈求以先，你們所需用的，你們的父早已知道了。」（太六8）一語指出了所有禱告的精髓。

「你們所需用的」，這句道出了人的本相：人禱告，是因為人有需要，這些需要反映出人的本質是甚麼，就是受造之物。作為受造物，人受著外界的影響和支配，以致人的生命，包括生命中最基本的需要，都不由人自己作主。耶穌所說的「需要」，並不包括一些無關重要的、錦上添花、可有可無的事物，而是指日常生活中所必需的、人能維持日常溫飽最基本的條件，和最低限度的要求。

耶穌的聽眾大多是升斗市民，每日只為了日落時僱主所給的工資而辛勞流汗，又或許要靠在幾畝瘦田耕作來維持溫飽，對他們來說，要滿足日常生活的基本需要，已經是很沉重的負擔，很大的挑戰。耶穌的家鄉拿撒勒，是一處窮鄉僻壤，耶穌自己以木匠的手藝為生，當然深深知道一般平民百姓生活中的掙扎和不安。需要為日常所需祈求神，反映出人內心的掙扎、恐懼和缺乏安全感。但不要以為只有那些生活在貧窮線邊緣的人才有這問題，即使是大商家大富豪，其實也有他們的憂慮，也有各樣的事侵蝕著他們的安全感。全球性的金融危機豈不正是上佳的例子嗎？很多大公司的主管們都會為經濟狀況寢食難安。這就是人，人的生存就是這麼脆弱；對於人本身的需要，我們實際上也無能為力。

人被各樣無法滿足的需要、無法解決的問題纏繞，難怪耶穌門徒的禱告會變成「外邦人」的禱告了。禱告成了他們面對日常挑戰的資源，禱告成了人確保得著每日所需的方法，甚至成了他們操縱神，控制神，指使神供應他們每日所需的手段！所以，他們用許多重複的話禱告。當人的思想、人的意識、人的掛慮，被日常所需主宰著，人的禱告也就會被這些需要主宰。

父已知道了

針對這現實的處境，耶穌說：「⋯⋯你們的天父早已知道了」，而且是在「你們沒有祈求以先」。這是一句很寶貴的說話。從最基本的層面看，單單這話就已經免去我們為日常所需而祈禱的需要，也就是說這些日常所需的供應，已不再是祈禱的內容。除了不道德的事、不正義的事和有違聖經真理的事，是我們不能為其成就而祈禱以外，連這些很正當、正常對生活所需的祈求，也不再是禱告的內容了！

可是，人始終是人，因本質所限，無可避免會為各樣事情掛慮，所以自然也會為日常所需禱告祈求，這是人之常情。耶穌並沒有禁止人為這些需要禱告，但容許或接納人為這些事禱告之餘，耶穌提醒門徒為這些事祈求的態度。祂要我們清楚知道，祈禱的對象是我們的「父」，祂作為我們的父親，必定深深地、清楚地知道我們這些需要，因為正如詩篇一百三十九篇的詩人所說，人本來就是祂創造出來的，人的心思意念都逃不過祂的審視，祂比人自己更知道人所需的是甚麼。既然天父早已知道了，那麼為何還需用許多重複的話禱告？在這大前提下，用許多重複的話禱告，其實是抵消了禱告的意義。為甚麼「外邦人」需要這樣禱告？因為他們相信，自己所膜拜的神必須膜拜的人清楚地、詳盡地、具體地、鉅細無遺地用許多重複的話稟告它們，它們才曉得如何回應人的祈求，又或許人相信這樣做會增加神明應允祈求的機會。但在耶穌眼中，用許多重複的話其實反映我們的不信，或我們不認識神，把神貶低為外邦神一般。如此，禱告又有何意義？耶穌向我們保證，我們毋須這樣行，因為我們所需用的，神早已知道了。

再進一步，如果在我們沒有祈求以先，神早已知道我們的需要，那麼這事實就把禱告的性質根本地改變了，禱告不再是祈求，不再是由我們告訴神，我們有何需要，彷彿若我們不說，神就一無所知似的。在神早已知道的大前提下，禱告不是祈求而是回應。倘若我們因為某些需要而禱告，這禱告其實是我們對神的回應，因為我們所感受到的需要，其實是神在創造我們時，早已經放在我們生命中的，當我們感受到這些需要的時候，是神邀請我們；而當我們禱告，就是回應這邀請。另一方面，當我們用說話向神表達我們的需要，我們是承認我們作為受造物的身分，我們要倚靠祂。這樣，我們把生命打開，讓祂進入，讓祂在我們身上工作，塑造我們，又讓我們更貼近祂一點。禱告是甚麼？禱告不是我們向神索取所需的方法，乃是我們向主開放、降服、感恩、被觸動的時刻。

這樣的禱告，是帶來更新的，是加深屬靈深度的。

總結

最後，讓我分享一個真實的個案。我認識一個年青人，他二〇〇六年五月在美國大學畢業，之後一直尋找工作未果。後來，在二〇〇七年十一月中，他終於找到一份工作，設計玩具。在找到工作後，他向朋友及家人發了一封電郵，講述整個過程的經驗。他提到在畢業後的三個月，他滿懷自信，自問以他的成績和努力，找工作應該不難。可是三個月過去了，所有求職機會都落空了，他開始洩氣，覺得神沒有聽他的祈禱。半年後，他開始懷疑神，表面上他依然是教會的活躍分子，但實際上他的信心已經崩潰。但大概在最低潮的時候，他卻經常聽見一個信息，就是信靠、降服、回轉，於是他便開始學習忍耐，重拾信心。這時候他深深意識到，無論做甚麼，都要為榮耀神而行。如是者他渡過了幾個月時間。到十一月中，他找到合適的工作。

故事並沒有完結。二〇〇八年初，他通知家人說決定回港生活，原因是他申請工作簽證的過程出了問題，申請不到。在他畢業後一年，他是以「實習」的身分或形式申請在美國居留，而這准許到〇八年二月初屆滿。對他來說，本來這是另一次打擊，因為本想可以一圓在美國居留的心願，另外又可以學以致用，但他卻以平常心看待，因為他已經學到了順服的功課。在決定回港後，他又向朋友和家人發了一封長長的電郵，講述做這決定的經過。他提到從前是為了要在美國取得專業的經驗，覺得惟獨美國才是得著這些經驗的地方，所以切切地求神圓他的心願，當神似乎沒有回應時，就對神心灰意冷。但現在，他願意放開雙手、放下他的主見後，他的心出奇地平靜。他說：「我一點也不難過，在過去的九年間，我學了很重要的功課——信心。我已學到了我在美國要學的，我很高興在我學會了後，祂就召我回去。」

耶穌說：「因為你們沒有祈求以先，你們所需用的，你們的父早已知道了。」(太六8)這是何等寶貴的一句話。這位父親不需要我們向祂陳述所需要的，而事實上，在很多時候，我們不能分清楚自己真正的需要，以及自私的慾望，但祂知道，祂知道我們這羣無知的兒女實在無法區分清楚，祂不用等我們向祂禱告，就已經知道我們的需要，也滿足這需要。面對這樣的父親，我們可以說甚麼？我們禱告用詞華麗，想取悅這位深知我們內心慾望的主，實在沒有這樣的必要。

所以，禱告時不用說太多的話，甚至毋須說任何話，只要打開你的心，讓祂進入就可以了。

禱告

聖父啊，孩子可以用甚麼話來向祢禱告？父啊，祢已經鑒察我的內心，在祢的注視下，我怎能隱藏自己？父啊，賜我一顆單純禱告的心，因為我所真正需要的，是這個世界不能供給的；我真正需要的，惟獨是祢！阿們！

思考問題

❶ 為甚麼我們需要用說話來禱告？

❷ 為甚麼耶穌教導我們，禱告不用話多？

❸ 若不用說話，你能禱告嗎？

實踐建議

不用說話來禱告，對很多信徒來說，是很難想像的一件事；畢竟，若不透過言語，我們很難表達內心的感受。倘若我們要實踐耶穌的教導，不用重複的話，甚至不容許個人的關心和需要充斥在我們的禱告中，我們可以嘗試用聖經的話來代替我們的話，向神表達心意。在這方面，詩篇是一個很豐富的寶藏，讓我們去發掘。筆者最喜歡的一段禱告，來自詩篇一百三十九篇 23 至 24 節：

> 神啊，求你鑒察我，知道我的心思，
> 試煉我，知道我的意念；
> 看在我裏面有甚麼惡行沒有，
> 引導我走永生的道路。

我們可以按照上一章的方法或步驟，用這段經文作為我們的禱告。在禱告時，讓心思停留在經文的每一句話上，讓我們的心被詩人牽引。

3
我們在天上的父

所以，你們禱告要這樣說：我們在天上的父：願人都尊你的名為聖。

馬太福音六章9節

可能很多人都讀過朱自清所寫的一篇散文〈背影〉，其中最令人印象深刻的，是他寫父親送他回北京時，在車站爬上爬落為他買幾個橘子的一段。這位老人家飽歷風霜，事業又不如意，但在送兒子回北京上學的事上，事事操心，為那時已經有二十歲的兒子打點一切，顯出為父者心思慎密，想盡上自己僅有力量，照顧年青不懂事的兒子的需要。反觀當時的朱自清以為自己已經長大了，是大學生，而且曾經往返北京數次，不需父親為他這樣費心，於是兩者之間形成很鮮明、生動和感人的對比。

讀這篇文章，是很久以前的事。當了父親二十多年，到今天我才可以體會到作為父親為兒女操心的滋味。當我再讀主禱文中「我們在天上的父」這話時，心中的感覺分外深刻。

這位在天上的，是你的「父」嗎？你體會到祂對你的心思嗎？

以神為中心的禱文

耶穌教導門徒使用的禱文，被安排在登山寶訓的中央位置，反映出這段禱文對初期教會的重要性和意義。有很多人相信，主禱文是源於耶穌基督自己的，即使在文字上可能並非逐字逐句給記錄下來，但它的基本內容極可能是來自耶穌的。若是如此，那麼這是極寶貴的一段經文，值得眾信徒銘記在心，反覆背誦，晝夜思想。

在登山寶訓中，主禱文並非獨立存在的，而是作為耶穌教導門徒學習禱告功課時的示範例證，所以它的作用是給門徒一個模式，讓他們知道甚麼是正確的禱告方式，和禱告應有甚麼內容。主禱文內容雖然簡潔，卻折射出很深刻的神學思想，應該成為信徒屬靈操練上很重要的基礎和指引。

這篇示範禱文結構並不複雜，是由三個「願」和三個「求」，再加上結束的榮耀頌結合而成。「願」的部分，是以神為中心，而「求」的部分，則圍繞著一些人的基本需要。在次序上，是以「願」部分為先，「求」部分居次，最後以讚美神結束。這次序並非偶然，它提醒了我們，在禱告時一個極重要的功課：一切禱告都必須以神為起點、為中心、為終點。緊記這結構和背後的心思，我們就能避免「外邦人的禱告」——以肉身所需作為禱告的核心了。耶穌知道我們的軟弱，所以祂教導我們一種祈禱的方法，一方面建立我們對神的信心和認識，一方面又可以抗衡世界的吸引和慾望。

我們在天上的父

主禱文的第一句「我們在天上的父」，是承接上文馬太福音六章8節：「你們所需用的，你們的父早已知道了。」以這方式作為禱告的開始，有何意義？

在形式上，這開始的話代替了傳統的、向神祈禱時提說神名字的做法。在耶穌教導門徒認識甚麼是不正確的禱告方式時，祂曾經形容外邦人會重複用許多「空話」（參《和修》）來禱告，這些「空話」可能包括了一些神的名字，作用是辨別出祈禱的對象，或作為一種打動神的手段。耶穌的門徒不應學習這樣的方式，只需以簡潔的「我們的父」開始就可以了，不必用許多「空話」。

但「我們的父」這話有其本身的重要性，並非一般的引言或開場白，因為它至少起了聚焦的作用：把我們禱告的思想、方向、重心聚焦到天父那裏；這焦點或目標決定了我們禱告的態度、內容和方法。這是很寶貴的一句話。「父」當然是親切的表達，而稱神，就是萬有的創造者為「父」，更有把人與神之間巨大的距離拉到最近的作用。有學者認為主禱文這樣開始，其實反映出耶穌自己禱告的習慣，因為祂經常稱萬有的主宰為「父」(參太二十六39)。耶穌與聖父間的合一、和諧、協調、相知，完全在這個很平常、很日常化的稱呼中流露出來。也許，當耶穌教導門徒這樣禱告時，用意是教導他們，認識這位在天上垂顧世人的主是他們的父親。就如父親完全了解兒女的需要，這位在天上的父親也完全知道地上眾兒女的需要，而且在地上的兒女還未知道有甚麼需要時，還未能清楚辨認出甚麼是真正的需要時，他們在天上的父就早已知道(六8)，這是地上的父親無法相比的。

另一方面，當我們稱呼賜人生命氣息的上主為「父」時，就是承認我們是祂的兒女，這承認是一切禱告的起點。在現實社會中，父母與兒女的關係愈來愈複雜和疏離，甚至做兒女的並不一定會樂意承認與父母的關係。曾經有調查發現，本港僅得三分一子女會主動關心父母，有六成青少年甚少或從不會向父母傾訴心底話。造成這冷漠關係的因素當然很多，但這種沉默是一種無聲的否認，以致即使日常見面時仍會說聲：「爸！媽！」但實際上這已經是空洞的應酬或敷衍。在這情況對照下，我們更知道，在禱告中稱天上的神為「父」的意義是何等重大！

除了承認與天父的關係外，「我們在天上的父」這話亦反映和流露出我們對天父的倚賴和信靠。就如兒女對父親的信任、倚賴和開放，信徒對天父也應如此。上文提到的調查，除了反映出兒女與父母的關係，多少也反映出父母對兒女的照顧和關心也有不足之處。這樣的疏離是長期缺乏培養和關心而形成的狀態，並不正常。在這背景下，我們更能欣賞到，耶穌教導門徒禱告時，以「我們在天上的父」開始的重要——它提醒門徒，天父是他們倚靠的對象，而我們也要相信祂是關心我們的，祂知道我們真正的需要是甚麼；作為兒女，我們應該流露出對祂的愛、尊敬、順服和聽從，以致每一次我們禱告，能更深地進入這關係中，更深地領會到這關係裏的甜蜜和滿足。

願人都尊祢的名為聖

接續「我們在天上的父」，是「願人都尊你的名為聖」，這話是主禱文正文的開始，是三個「願」中的第一個，指出了信徒的禱告應該以神的榮耀和聖潔為中心和主導。

在《新譯本》中，「願人都尊你的名為聖」的翻譯是「願你的名被尊為聖」，含義似乎更廣闊，因為暗示要「尊」神的名「為聖」的不只是人，而是包括宇宙中凡有生命氣息的。這是很典型的猶太教句語，因為「名」其實就是指神自己。為了避免因不小心而干犯了這名字的聖潔，觸犯了「妄稱神的名」的誡命，猶太人習慣用「（那）名」代替神的尊稱「耶和華」。不過，在舊約的神學中，神的名字因為代表神自己，本身就已經是聖潔的（參詩一〇三 1；結三十六 20、21、22、23）。既是如此，為何我們還要禱告「願人都尊你的名為聖」？

以西結書的經文多少給了我們一點提示：神聖潔的名因人犯罪而被褻瀆和玷污，神如何使祂被玷污的聖名回復本身的聖潔？就是透過施展拯救的大能，把被擄外邦的以色列人從所分散的地方招聚回來，帶領他們回歸故土，又赦免他們的罪，除掉他們身上的污穢，更重要的是，神要以「肉心」更換他們的冰冷剛硬的心，把新生命放在犯罪的人裏面，藉此而使神被玷污的名回復聖潔。

所以，「願人都尊你的名為聖」所祈求的，是神的救恩臨到這犯罪的世界，使滿身罪污的人得著潔淨，藉此彰顯出神的聖潔和大能。這樣的理解，為這祈求添上了末世的色彩和意義，因為所祈求的就是神的國度早日臨到世上，消除罪惡，拯救被罪所捆綁的人。倘若我們真的這樣向神祈求，那麼所祈求的救恩必然也涵蓋現時的世界，這過程是由現在一直延伸到未來，神的國度最終一次彰顯的時候。

但神的「名」如何在現世「被尊為聖」?耶穌的門徒如何能經歷神的「名被尊為聖」?依循的途徑是要在個人生活中實踐「尊神的名為聖」，實踐神所彰顯的旨意，就是公平和公義，如先知彌迦所教導的：「行公義，好憐憫，存謙卑的心，與你的神同行。」(彌六8)若主禱文是登山寶訓的核心，而登山寶訓基本上是門徒的信仰實踐指南的話，那麼寶訓中就展示了耶穌門徒如何尊神為聖的藍圖。

我們首要的關注

在禱告時，以「願人都尊你的名為聖」開始，有何意義?最明顯的，就是我們要將神的公義和聖潔放在禱告的第一位，作為我們首要的關注。作為耶穌的門徒，儘管我們有數之不盡的需要，但這一切，不論如何緊迫、如何重要、如何重大，都不應成為我們禱告中首要的關注，因為這一切都已經不再是我們最需要的（太六 8）。正如耶穌在下文（31 ～ 34 節）所教導的，「吃甚麼？喝甚麼？穿甚麼？」都是外邦人所求的，作為天父的兒女，我們的心思意念不應被這些肉身的需要所霸佔。又正如耶穌在登山寶訓另一處所說：「你的財寶在哪裏，你的心也在那裏」（21 節），我們所關心的是甚麼，我們的心也在那裏。若我們關心衣食住行，我們的心也就被衣食住行所充滿。這是我們所要的嗎？這是我們認為可以接受的嗎？我們願意讓我們的生命被這些物質的需要所掌管嗎？如果我們都不願意，出路在哪裏？出路就在於把焦點調校過來，「先求祂的國和祂的義」（33 節）。「求」讓我們感覺到那迫切感，讓我們覺得這動作背後的熱誠、專注和渴慕。我們所求的，必然是我們認為重要的、不能缺少的，甚至比生命更寶貴的事物。我們要以求衣食住行的努力和決心，來求神的國和神的義，因為神和祂的國度應該是我們一生中最迫切關心和渴慕的。這就是在禱告裏願神的名被尊為聖的意義。

「願人都尊你的名為聖」反映出信徒心中最熱切的盼望和期待。在現實生活中，有很多事令人沮喪，感到受挫敗、氣餒，因為我們每日看見的罪惡太多了，令人感到這世界正被邪惡的力量所掌管著。但這短短的一句話，卻流露出對神的公義和救恩的信心與肯定：神的名被尊為聖是必然的，其實現只是時間的問題，當神的時間一到，神的聖潔和公義就要在萬民眼前彰顯出來。所以「願人都尊你的名為聖」是一句信心的禱告，是以信心面向這邪惡的世界所作的宣告，宣告黑暗是短暫的，罪惡的節節勝利只是表面的假象，最終得勝罪惡的，必然是至高者耶和華。而這信心的期待正是信徒生活的核心。

主耶穌不只教導門徒如何禱告，祂也在教導他們信心的意義和信心生活的實踐。讓我們將目光投向天上，讓我們的心思轉向永恆。有這樣的屬靈和信仰高度，地上的一切都不外如是。

回家的意義

另一方面，主禱文也可以在現實中發揮作用。每年農曆年前，我們都可深深地體會到回家的意義。有報導形容「春運是中國一場集體回家的儀式」，因為有很多人在春節前回家。《亞洲週刊》的社論就這樣說：

無論怎麼遠怎麼苦、無論有多久有多累，

都要回家吃年夜飯，都要吃一碗中華文化的深厚情懷。[1]

另有報章以「回家踏破萬里霜」為標題，刊登了一些春運的照片，其中一幅照片裏有「我要回家」四個大字，是一個名叫歐海芹的民工寫在廣州火車站的牆壁上的。

這些滯留廣東的民工，這些「長年生活在城市底層工作的一億多民工」，《亞洲週刊》的社論中形容他們是「戰勝風雪的感情大軍」，一年只有一個願望，就是回家，有些甚至已兩、三年沒有回家。就是遇到惡劣天氣，他們回家度歲的路又怎能被風雪攔阻？為了回家，他們寧願站在寒風冷雨中、被困在冰封的路上幾日幾夜，也在所不惜。在令人措手不及的風雪下，幾十萬在外拼搏的民工讓我們重新知道何謂「家」。

其實，當我們讀主禱文，或默想、背誦主禱文，從某種意義來說，亦是一項歸家的儀式。當我們與天父交談傾訴，打開話匣子時，第一句便說：「我們在天上的父」，這豈不是有點像我們平日回家，打開家門，第一句話就喊「爸！媽！我回來了！」的情景嗎？不論在世界中打滾叫人如何焦頭爛額，如何滿身損傷，如何心力交瘁、筋疲力盡，一旦回到家中，回到父親懷中，這一切都會得到醫治，我們又能重新起步，又能捲土重來。當耶穌向天父祈禱時，祂就是對家中老父傾吐心聲一樣，祂教導我們也可以這樣開放、坦誠、無拘無束地對天上的父說話。

這位在天上的父，是你的父親嗎？你聽見祂的呼喚嗎？我們遇到的困惑、創傷、孤單，都是祂要我們回家的呼喚，你聽到嗎？

「我們在天上的父，願人都尊你的名為聖。」願我們每日都能藉這句簡單的祈禱，得著神所供應的力量和平安，因為何時我們呼喚「我們在天上的父」，何時我們就回到家中，回到天父的懷裏。

禱告

父啊，願祢的眼目垂顧孩子！父啊，幫助我回到祢身旁！父啊，使我在祢懷裏得著安息！父啊，憐憫這浪子，緊抱我，免得我離開祢。阿們。

思考問題

❶ 為甚麼我們能夠稱創造主為我們的父？

❷ 祂如何成為我們父親？

3. 稱耶和華的名為聖有何意義？

實踐建議

在屬靈操練中，有一種禱告方式稱為歸心禱告，基本的方法是用簡短的話作為禱告內容。我們可以作以下嘗試：

1. 預留一段時間（約十五分鐘，可長可短），在一個安靜的地方，藉調節呼吸進入安靜中。
2. 以呼喚神的名如「父啊！」作為禱告。可以在內心默唸，也可以輕聲呼喚。讓自己的內心專注於在這名字，並感受天父的臨在。
3. 在禱告中，讓自己的感情抒發出來，在神面前毋須拘束，也不用修飾。
4. 完結時，可用主禱文結束。

4

願祢的國降臨

願你的國降臨；願你的旨意行在地上，如同行在天上。
馬太福音六章 10 節

現今全世界共有多少個獨立國家？答案要視乎我們所接納的、對「國家」為定義。若以聯合國會員國為基礎，至二○○八年共有一百九十三個國家。在現代世界，一個國家的建立是重大的歷史里程碑，應也是當地的人民所盼望的。對耶穌的門徒來說，能夠行使民族自決權亦是極重要的盼望。但當耶穌教導他們以天國降臨和神的旨意得以成就為禱告內容時，耶穌想他們認識些甚麼？而在今天，我們為何要作這樣的禱告？

願祢的國降臨

主禱文中以三個「願」作開始,「願你的國降臨」是第二個。這是一句怎樣的祈禱?而這句話又要教導耶穌的門徒甚麼有關禱告的功課,是他們必須學習的?

「國」在這裏是指神的權柄。在我們的理解中,「國」應該包括領土完整和自決權兩大元素。自從法國革命以來,最多人接受的政治體制應該是民主的模式。在這模式的主導下,行政、立法和司法是獨立的,具備互相制衡的作用。但這民主的模式卻不能應用在神的國這觀念上,反而古代君主專制的模式則可以。在古代君主專制的模式中,行政、立法和執法三權高度集中在個人或一小撮人手中。其實在聖經中,尤其是舊約,我們從中找到對神的認識,很多時候是反映出君主專制的政治模式。所以,耶和華是君王,天上的天使是祂的僕役或使者,而神所統治的,是整個宇宙,包括天上眾星、各種自然的力量、創造界中一切有生命氣息的,包括人類在內。

神的國指神的權柄;這是種帶善意的權柄,因為這位宇宙的統治者同時是「我們在天上的父」(太六9),也就是說,這權柄是創造主作為世人父親的彰顯,創造主是以父親的角色出發,行使這權柄。地上的統治者不論多精明,多能幹,總會有犯錯的可能。

每當犯錯時，他的人民就會受牽連。所以，地上的統治者不一定可靠，而且很多時候，地上的統治者會以權謀私，利用職權使自己得益，滿足個人的慾望（撒上八 11～18；申十七 14～20）。聖父卻不是這樣，作為我們的父親，祂行使和運用權柄，都是為兒女們的好處，保護他們，愛護他們，供應他們的需要。

雖然這樣，我們不能單從個人的需要為出發點來理解這句話的意義。因為神國度降臨並非為了我們個人，神的國度降臨的意思，就是神最終要把這被罪惡所勝過、捆綁、掌管的世界，納入自己的統治下。為甚麼？那是因為罪。在我們眼前的世界被罪惡所捆綁，以致神的權柄並沒有完全地、清晰地彰顯出來；而從表面上看，我們或會覺得神好像從世界中消失了，被黑暗和邪惡的力量擊倒了，使我們與以色列人也慨歎：神的膀臂太短了，無法拯救世人（賽五十九 1）。

為神的國降臨守望

在罪惡看來已經得勝的背景下，我們明白到「願你的國降臨」是何等重要和寶貴的一句禱文。這句話所假設的，是神的國必然會降臨，這是肯定的，是毋須懷疑的，不論在表面上罪惡力量是何等猖獗，也絲毫不能改變這事實。在這假設下，信徒祈求宇宙的主宰彰顯祂的大能，是表明他們相信神，他們沒有因為世上的罪惡而信心減少，仍然相信神的國終將得勝，罪惡只是表面和暫時的。藉著這禱告，我們被提升到一個更高的屬靈的高度來看世界的黑暗。這禱告不只表達信徒內心的盼望，也反映出信徒的人生目標，就是為神的國降臨而守望。神的國降臨當然不是我們可以作主的，其時間也不是我們禱告可以促成，甚至催促的。但祈求神國度降臨，卻可以成為我們對被罪惡轄制的人的守望，好像守夜的人等候天亮一樣。正如我們知道，舊約先知的任務中很重要的一項，是為百姓代求守望。從這角度來看，倘若耶穌的門徒能夠帶著這盼望來禱告的話，那麼他們也正在扮演著先知代求的角色。

能夠帶著迫切的心祈求神國度降臨，又藉此為世界守望的信徒，已經表明了他們不再為這世界而活，也不再為肉身的需要而活。不管富足還是貧窮，他們都不在乎，所在乎的只是神的國度，以致這世界的物質根本不能再滿足他們的心。真正能滿足耶穌門徒的，是看見神的國降臨，這被罪惡所勝的世界能夠被神重新得著，能夠重新降服在神的權柄下，人在其中能夠享受真正的安息。

願意這樣守望的信徒，雖然他們仍在肉身活著，卻已經是活在「末世」中，已經是活在神的國裏，他們的生命已經被神的權柄所掌管；也因這緣故，他們已經可以真實地嘗到天父看顧和保守的甘甜。那日夕為神國降臨而禱告的，是那些真正明白和體會天父的愛的信徒。神的國是他們真正傾心的渴慕。

願祢的旨意行在地上

主禱文中第三個「願」，就是「願你的旨意行在地上，如同行在天上」。在意義上，第三個「願」與前面兩個很接近，因為神的旨意與神的國——即祂的權柄——明顯是相關的。就如神的國度是遍及全宇宙，神的旨意也是遍及全宇宙的。神的旨意是甚麼意思？所指的是神的計劃及目的，而所謂「行」，就是「成就」。所以，這話所求的，是神的計劃和目的最終得以成就。另一方面，這話把天和地劃分開來。在天上，神的旨意已經成就了（創一章；伯三十八6～9；賽四十25～26），但地上這事實還未完全彰顯出來。為甚麼？就是因為罪，致使地被罪惡的權勢掌管著。從這角度來理解，這祈求的意義是求神勝過罪，粉碎罪在地上的權柄，使神的權柄也能完全成就在地上。這樣，我們看見第三和第二個「願」，在意義上有部分是重疊的。

我們要記得，耶穌教導的示範禱文所針對的，一些不正確的禱告態度或想法。特別是前幾節經文所談及的外邦人，他們企圖「用許多重複話」來打動神的心，驅使神應允他們的各種祈求。這些外邦人的祈求明顯是他們的「旨意行在天上，如同行在地上」；他們所祈求的，就是神的旨意要與他們的旨意吻合，如果事與願違，他們的信心肯定會徹底崩潰。若從另一方面看，對外邦人來說，有時候神的旨意得以成就並不一定是好事，因為神的旨意不一定如人所想的，也不一定與人的意願吻合，如此，神旨意若得以成就，可能會帶給人痛苦，令人感覺無奈。但耶穌禱告的心態明顯不會這樣；以神的旨意得以成就作為禱告內容的，必然是對神的旨意滿有信心的人，即使這旨意不一定與他的意願相吻合。所以，耶穌的禱告是對神滿有信心和信任的，不但如此，能夠這樣禱告的人，必定已經準備好順服在這旨意下，甘心樂意以神的旨意作為他的心意。故此，祈求神的旨意成就在地，如同成就在天，不只是一句禱文而已，更呈現出人對神的信心和態度。

經文中的例子

讓我們以一些實例來說明。耶穌的門徒有時候會為一些事而爭執，其中一次是當耶穌前往耶路撒冷時，在路上向門徒說自己將要受逼害，最後被殺死，在這時候，雅各和約翰的母親求耶穌在天國裏讓她兩個兒子分別坐在耶穌左右（太二十21）。從耶穌的回答（22節），我們感覺到這請求其實是出自這對兄弟心中，是他們的渴望，不過由他們的母親代為提出。撇開耶穌是否有這權柄應允所求，明顯地，雅各和約翰所祈求的，是要神滿足他們心中的慾望，所以耶穌說他們並不知道所求的是甚麼。與很多現代信徒一樣，他們所求的，是神的旨意屈從於他們的心願；他們祈求神按他們的旨意而行。

回答時，耶穌問這兩個門徒：「我將要喝的杯，你們能喝嗎？」（太二十22）所指的是耶穌剛剛的預言：祂自己要受苦，被「戲弄、鞭打、釘在十字架上」（19節）。門徒能承受嗎？但為甚麼耶穌要受苦？是因為要順服神的旨意。兩個門徒未順服神的旨意前，便祈求在天國裏最重要的位置，認為自己配得，這就是他們的驕傲。其實，從門徒間的表現來看（24節），他們每個人心中都有這慾望。出於驕傲和慾望，門徒祈求神按他們的意思行，祈求神的行動要乎合他們的旨意。這些門徒似乎沒有學到主耶穌教導的示範禱文中，願神的旨意成就在地，如同成就在天的功課。

另一方面，耶穌的話提到祂將要喝神所賜的苦杯（太二十22），這讓我們看到一個正面的功課——耶穌自己的一生就是這句禱告最好的說明和見證。其中最令我們感動，最叫人震撼的，是耶穌在客西馬尼園中的禱告：「我父啊，倘若可行，求你叫這杯離開我。然而，不要照我的意思，只要照你的意思。」（二十六39）面對十字架的羞辱和痛苦，祂真的想逃避，祂真的不敢面對。但在恐懼之中，耶穌所求的最終是神的旨意成就。如果耶穌可以選擇，或許祂會選擇離開，但祂沒有這樣選擇，祂選擇了十字架，選擇了神的旨意。在完全、徹底的順服中，神的旨意得以成就在地，如同成就在天。同樣，藉祂完全和徹底的順服，耶穌扭轉了人的驕傲和悖逆所造成的惡果——罪惡掌管世界和人類。

培養對神的順服

如果我們學習以「願你的國降臨，願你的旨意行在地上，如同行在天上」來禱告，這有何屬靈意義？這樣禱告與我們作耶穌的門徒有何關係？神的國度降臨，和神的旨意成就在地上，難道是我們的禱告可以影響到的嗎？這些事都不在我們掌握之中，只有神才知道這些事何時和怎樣實現，不過，這樣禱告卻可以影響我們，塑造我們，成為渴慕主、順服主的門徒。「願你的國降臨」讓我們以神的國為盼望的目標，而「願你的旨意行在地上，如同行在天上」，則能培養出我們對神的順服。

對某些信徒來說，接受神的旨意是難的，因為要犧牲很多個人自由和喜好，因為要受一些不喜歡的事規範；這些信徒可能與伊甸園中的夏娃有相同的想法：既然園中所有樹上的果子我都可以隨意吃，為何禁止我吃那棵禁樹上的果子？而且這樹上的果子「好作食物，也悅人眼目，且是可喜愛的」（創三6）！神的旨意真是令人費解。此外，對某些人來說，神的旨意好像世俗人所說的「宿命」，不論人如何抗拒，最終神的旨意仍會成就。神就是神，人如何能與神對抗？面對神所命定的，人只好認命，只好逆來順受。這些人順服，卻是帶著不情願的心，帶著被「屈」的感覺。在這些常見的，卻是負面的例子襯托下，我們就明白能夠這樣禱告，能夠以這樣的話作為禱告核心內容的，是那些真正願意愛神的人，因為他們並沒有視神的旨意為無法抗拒、無法改變的「宿命」。相反，他們主動盼望神的國度降臨，主動祈求神的旨意成就在地，如同成就在天，他們的確是甘心樂意地接受和順服神的旨意和權柄，因為神的國度、神的旨意和權柄帶給他們喜樂和滿足。對他們來說，神的國和神的旨意比他們的生命更寶貴，如果能夠得著神的國，如果能夠讓神的旨意藉他們的順服而得以成就的話，這是他們最大的幸福。因此，難怪這禱告出現在歷世歷代殉道者的禱告中。

總結

從耶穌有關禱告的教導中，我們可以想像，當外邦人禱告時，內容充滿了「我要」、「我要」、「我要」。但不要以為未歸信耶穌的人才是外邦人，即使耶穌的門徒也會像外邦人一樣禱告，雅各和約翰就是很好的例子。耶穌指出這是不正確的禱告方法。正確的方法是帶著謙卑順服的心，對主說：「父啊！我願尊祢的名為聖，我等候祢的國度，我願按祢的旨意而行。」當我們祈求神的國度降臨，和神的旨意成就，表示我們把緊握著生命主權的手放開，讓主來掌管我們的生命。當我們整個教會一同祈求神的國度降臨，和神的旨意成就，表示我們願意以祂為我們教會的主，即使我們最想望的落空了，但倘若這是出於祂的旨意，我們也欣然接受。

當我們對神的旨意全然委身時，也就是我們個人屬靈生命和整個教會得著復興的時候。

禱告

天父啊，鑒察我，我所祈求的是甚麼呢？天父啊，若我所祈求的是我心所想的，求主赦免。若我求，是出於體貼一己的慾望，求主赦免。主啊，幫助我所求的，就是祢所願意的。阿們。

思考問題

❶ 為甚麼耶穌教導我們，要以天父的國度降臨和旨意成就，為我們禱告的內容？

❷ 這種祈求與我們每天的生活脱節嗎？

❸ 若我們真的這樣禱告，我們的生活要作怎樣的調節？

實踐建議

耶穌所教導的禱告，是對信徒信心的挑戰，我們有何實踐的途徑？我們可以嘗試用默觀式的禱告作回應。因為耶穌所教導的禱告，祈求神的旨意成就在地，如同成就在天，所以我們可以從關注地上發生的事出發。留意我們身邊的事，有甚麼在觸動我們，我們可以把這些事放在禱告中。當今世界上很多事情與主要求的公義和憐憫有很大差距，我們必須把這些事放在禱告中。

5

我們日用的飲食

我們日用的飲食，今日賜給我們。
馬太福音六章11節

有一個美國慈善網站，名為「免費大米」（FreeRice），提供英文猜字遊戲，網民每猜中一個生字的意思，網站就會捐出十粒大米給聯合國世界糧食計劃署。這個既可改善英文水平，又可幫助全球飢民的網站，取得空前成功，這亦反映世界的糧食問題，極需我們關注。

活在世上，我們難免會為生活所需憂慮，而肉身的需要是我們最基本的關注。耶穌教導門徒的祈禱：「我們日用的飲食，今日賜給我們」，表示耶穌也知道這些需要的重要，以及這些需要可以為門徒帶來的壓力和挑戰，因為耶穌自己也親身經驗過，祂肚子餓的時候，撒但的試探就來了（太四1～4）。不過，這些「日用的飲食」的需要，同時是我們學習和實踐屬靈功課的機會。我們或許生活無缺，不用為一碗飯、一瓶油或一罐奶粉而擔憂，但也許正因為這緣故，我們才更需要重新認真地思想「我們日用的飲食，今日賜給我們」這句禱文的意思。

對神的信靠

這句禱文是主禱文下半部的開始，這部分由三個「求」組成，與上半部的三個「願」互相呼應。因為前三個「願」是信徒表達對神的信靠和委身，所以緊隨著的這三項請求應是以對神的委身和渴慕為基礎的。

從這句話開始，我們看見所用的代名詞轉為「我們」，帶有禮儀性質，反映出這篇示範禱文其實是一篇羣體性的禱文，應該由教會的信徒一同使用。教會的信徒使用這篇禱文禱告時，是作為一個整體來作出禱告；在這羣體中，不論各人經濟條件如何，都一同向主作出相同的祈求，這表示不論貧富，信徒一致承認他們倚靠神，一致承認天上的父是生活一切供應的源頭。

「我們日用的飲食，今日賜給我們」是一句很簡單、直接，甚至率直的說話，一點也不矯揉造作，很生活化。我們讀的時候，給予我們很溫暖、溫馨的感覺，讓我們覺得好像回到家中。這句禱文反映出一種很親切、和諧的家庭關係，其中包含著信任、諒解和接納。另一方面，相對於上文所提到神的名、祂的國和祂的旨意這些神學意味十分濃厚的字眼，「我們日用的飲食，今日賜給我們」這句話顯得很瑣碎、很俗世，看來好像家中兒女向父親要食物一樣。

如果我們有這樣的感覺，我們就更能體會耶穌所教導的，原來是一種禱告的方式。祂要我們知道，祈禱其實是向天上的父親訴說我們的需要；既然祂是我們的父親，我們可以用最直接的說話向祂陳述我們的需要。就如我們平日與家人說話一樣，我們可以用日常的語言來向天父說話，祂不會介意我們說的話不夠優雅，言詞不清晰，用字不恰當等。作為我們眾人的父親，祂只想聽聽我們向祂訴說心聲。我們簡單、直接，甚至近乎庸俗的話，也能讓我們經歷到天上的父親在地上與我們同在。

人的處境

這句簡單的話多少可以反映人現實中的軟弱，所以當我們講出這話，其實是在承認自己的軟弱和不足——即使是生命中最簡單的需要，我們也沒有能力供應給自己。

耶穌的門徒和聽眾都是一般勞苦大眾，對他們來說，「飲食」並非指珍饈百味，或一些昂貴的食物，而是指日常最基本的食物，包括蔬果、烘餅、奶和奶類製品等。在我們的經驗中，我們並非食物的生產者或製造者，而是消費者；我們用所賺得的金錢，購買所需的或喜歡的食物。但在耶穌的時代，在農業社會中，基本上人們要生產自己所需用的一切。他們所吃的蔬果，是自己一手一腳種出來的。他們的麵包或薄餅，是用所栽種的大麥小麥磨成粉，再每日按分量和需要，在家中用火爐烘焙出來的。所穿的衣服則是用所養的羊身上的毛，先紡成線，再用屋內的織布機織布，最後一針一線縫製出來。在這樣的社會背景下，當人直接向神求每日所需的基本食物時，這到底反映一個怎樣的處境？

在這樣的背景下，相信他們所求的並非單單是每日三餐，給家人充飢而已；他們所祈求的，應是神看顧整個食物生產的過程。在整個過程中，人所能參與的其實很有限，人只能控制食物的製造過程，但在此之前的，包括農作物的生長、牛羊的生長、雨量多少和分佈、降雨的時間等等，一切都不在人的掌握中。

食物的供應，只能仰賴天上父親的保守和看顧。這禱告表達了人在「天有不測之風雲」的無奈下，真誠地倚賴天父。

另一方面，「日用的飲食」也可以理解為最基本的分量，不多也不少。在耶穌時代，「日用的飲食」是一個每日勞動後可以帶回家的食物分量。記得耶穌講過一個有關葡萄園的比喻嗎（太二十 1～15）？祂提到有人請工人到他的葡萄園工作，從清早開始到市集上請人，到上午九時還看見有人在市集上待聘，然後分別在正午、下午三時還有人在，到下午五時，太陽已經平西，工作的時間過了，還有人在市集，盼望有人請他們做工，為甚麼？因為他們盼望有工作，可以有工錢，把全家人所需要的「日用的飲食」帶回家。這比喻可以反映出這些勞工的景況是何等可憐，他們不想讓家人餓著肚皮上牀睡覺，便從清晨一直站到黃昏，翹首期待一份只賺一錢銀子的工！

從這樣的社會處境看來，只求一日所需的飲食，其實是一個知足者的禱告，禱告的人沒有奢望，也不妄求，這樣的禱告反映禱告的人所求的並非出於一己的慾望，他的生命並沒有被慾望所轄制。

只求一日所需要的飲食，也是對神絕對信靠、不懷疑的表示，相信祂的供應，相信祂是我們天上的父，是絕對可靠的。再者，如果我們能夠在「日用的飲食」——如此重要而基本的需要上，完全信賴上主的供應，那麼在生活中若有別的需要，又豈會不信賴祂？在小事上相信，在大事上也相信；在小事上不信，在大事又豈願意相信？

生活的見證

換句話說，這句簡單的話，蘊藏了很深的信靠，深藏不露的信心。記得耶穌提到的「外邦人」嗎？他們為了要得到所需要的，甚至心中所慾求的，會用許多重複的空話，向他們所信奉的神祈求。但耶穌所教導的禱告，在關乎人最需要、最關心、最重要、最基本的事情上，只用了一句話。為甚麼？因為耶穌堅定地告訴我們：「因為你們沒有祈求以先，你們所需用的，你們的父早已知道了。」（太六 8）這基本的「日用的飲食」，是對我們信心的考驗，也叫我們的屬靈生命藉著經歷得以成長。

聖經中有一個人曾經只靠神供應他的「日用飲食」而活，他就是先知以利亞。當時以色列國正遭遇前所未有的乾旱，三年多沒有雨降在地上（參王上十七 1，十八 1）。這時，耶和華吩咐以利亞到約旦河東邊的基立溪旁，等候神的供應：「烏鴉早晚給他叼餅和肉來，他也喝那溪裏的水。」（十七 6）這種生活並不寫意；以利亞正受到信心的考驗，學習完全倚賴神的供應而活。後來，連基立溪的水也乾了，怎麼辦？以利亞面對的考驗還沒有完結，耶和華就吩咐他跑到更遠的地方去：「你起身往西頓撒勒法去，住在那裏；我已吩咐那裏的一個寡婦供養你。」（9 節）但這寡婦的確是一窮二白，她所有的全部食物就只是罈內的一把麵，瓶裏的一點油（12 節）。當以利亞找到這婦人時，她正在準備為兒子和自己做最後的晚餐。但結果如何？這婦人、她兒子和以利亞靠這一把麵、一點油，存活了「許多日子」，因為這個寡婦所需的「日用的飲食」，就是罈內的麵沒有減少，瓶裏的油也不短缺（16 節）。

這故事與耶穌教導的祈禱有何關係？這故事發生在一個眾人都被巴力吸引的時代，巴力被人奉為一切生活所需的來源。為要揭穿巴力對人的蒙騙，耶和華使天閉塞不下雨數年之久，最後連溪水都乾了。但祂同時呼召了以利亞，供應他「日用的飲食」，要他藉此見證惟獨耶和華才是真正的主宰。結果以利亞靠「日用的飲食」供應而活，不但如此，他還去到外邦腓利基的西頓，一個敬拜巴力的重鎮，在那裏帶領一個窮人中的窮人，一個還要養活幼兒的寡婦，過著只靠「日用的飲食」供應的生活，藉此砸爛巴力的「招牌」。

告。所以，讓我們每日謝飯祈禱，除了感謝上主賜我們飽足外，也同時為得食物的權利被剝削的人獻上一個代求的禱告。

總結

耶穌很體諒我們，知道我們難免為生活所需的一切而憂慮，所以教導我們這樣寶貴的禱告。以後，當我們為「日用的飲食」向神祈求時，讓我們能重新經驗這位天上的父親的美善和慈愛，讓我們學習憑信靠而活，在這個被物質慾望所掩蓋的城市中，為神的名作見證：信靠耶穌，真是甜美。此外，耶穌的確很有智慧，在為「日用的飲食」禱告時用「我們」，而不是「我」，提醒眾門徒「我」是「我們」的一部分。倘若「我」得著飽足，而「我們」還在捱餓，我們就不能因「我」得飽足而滿足。祂教導我們每天都以「我們日用的飲食，今日賜給我們」禱告，這是何等重要的操練！我們要不斷操練對神的信心，對神的國度的盼望，和為這國度的降臨作守望。

禱告

宇宙萬物的主，教導我明白甚麼是真正的豐盛。主啊，我曾經把安全感建立在物質上，求主把這偶像拆毀。生命的主，賜我屬靈的眼光，知道信靠的寶貴，能夠滿足於祢供應的「日用的飲食」。阿們。

思考問題

❶ 你曾經為「日用的飲食」而憂慮嗎？在你認識的人中，有人為「日用的飲食」憂慮嗎？

❷ 為甚麼耶穌教導我們求「日用的飲食，今日賜給我們」？

❸ 除了「日用的飲食」外，還有甚麼令我們憂慮？耶穌所教導的禱告，如何能夠成為我們的幫助？

實踐建議

在個人層面，於物質過剩的今天學習過簡樸生活，是我們實踐這禱告的最佳途徑。另一方面，我們可以藉關懷貧窮和飢餓的問題，實踐這禱告。因為耶穌教導我們祈求的，是「我們日用的飲食」，提醒我們要多關心羣體的需要或缺乏。今天，在世界各地不同的城市中（如香港）都有貧窮問題，而貧窮與糧食又是息息相關的，因此，讓我們學習關懷貧窮，為他們禱告，甚至尋找途徑作出貢獻，以實踐這個有關飲食的禱告。

6

免我們的債

免我們的債，如同我們免了人的債。
馬太福音六章 12 節

香港城市大學曾經發表了一項調查報告，主要是量度受訪者的仇恨指數和寬恕指數，以十分為最高分。調查訪問了六百五十九人，結果發現受訪者的仇恨指數是六點一九，相較之前調查有下降趨勢，但寬恕指數並沒有大變動。這項調查有這總結：仇恨指數雖然下降，但寬恕指數卻沒有上升，表示香港人還未懂得寬恕，亦反映出沒有憎恨不等於就有寬恕。

上述有關道歉、寬恕或請求寬恕的新聞，為我們思想主禱文中第二個請求，提供了活生生的生活背景，讓我們再次思想「何謂寬恕？」、「如何寬恕？」等問題。

免債與欠債

這句禱文針對人與人相處中的不和與衝突，「債」是指人得罪別人的事。禱文作了幾點假設：(一)我們需要神「免我們的債」，因為這些債是我們無力償還的；(二)有別人欠我們的債，他們也因無力償還，需要我們把這些債免了；(三)我們有能力免別人欠我們的債；(四)神把我們的債免了，與我們在別人身上做同樣的事，有某種形式的關連。

這句禱文的意思其實不難明白，我們都知道所指的是我們的「罪債」得赦免，以及饒恕別人得罪我們的地方，但特別的地方是它以「債」來象徵罪。一般來說，「債」是指錢債，但在主禱文中，「債」的用法是喻意式的，指應盡未盡的責任，應做卻沒有做的事情。以「債」來表達罪的意思很特別，按這理解，並不是當人違反了明顯的律法規條，觸犯了某些禮儀禁忌，或某些道德倫理的守則才算犯罪，而是指人有未盡的責任。作為罪的定義，這涵蓋範圍十分廣泛。另一方面，在經濟社會中，能從欠債中得釋放只有兩種方法：若不是悉數歸還，就是蒙債主無條件消除欠債。在主禱文中，不論是祈求天父免我們的債，還是我們主動免別人欠我們的債，所祈求的都是無條件地消除欠債。

禱文第一部分「免我們的債」多少可以反映，或描繪人現實的景況和處境，也反映出人本來的面目是怎樣的。人是怎樣的呢？他活在一個關係網絡中，編織這網絡其中的一種元素是債；在這網絡中，人是負債的。所以這句話承認，人犯了罪，他曾經得罪別人，需要得到赦免。香港城市大學一項研究「香港人如何面對人際衝突調查報告」發現，在發生衝突的對象中，最多是佔百分之二十九點二的家人，其次是一般朋友和同事，研究總結指：「愈是互相依賴，關係愈緊密的人便愈容易發生衝突。」這些衝突，就是債的由來，和債逐漸累積的原因。

所以，當我們說出這句禱文，反映了我們正視從負債中得釋放的需要。這話包含這涵意：我們曾想過，也曾嘗試過償還這些債，可惜因為種種原因，可能礙於能力，也可能因為對方不願意接受我們的補償，我們的努力落空了。正因這緣故，所欠的債依然存在，我們如何能夠獲得釋放？相信這就是人到神面前，求祂免去所負的債的原因。這祈求有何理據？我們得罪了別人，神如何能叫人從這種債中得釋放？因為人由此是同時得罪了神，神便與這破裂的關係攸關，不但如此，神更是最終的債權人。另一方面，世上只有祂有權柄免去別人不願意免去的債，把我們釋放。所以，當我們到神面前這樣禱告時，我們是承認神是我們最後、惟一的出路。這禱告，是一個知罪者懇求憐憫的禱告。

禱文的第二部分反映出，在這以「債」編織的人倫關係網絡中，我們欠人債，同時也有人欠我們債；我們也曾經是「被罪者」，是受害人。就如我們需要別人免我們的債，也有人需要我們免去他們的債。在因為債太大、太重，才需要懇求免除的前提下，欠我們債的人也需要我們的憐憫，把他們所欠的債全數無條件地免除。但與禱文的第一部分不同，免別人的債的能力和權柄在我們手中，我們有權免別人的債，也有能力和絕對的自由這樣做，只要我們願意和有這決心。就這方面，這禱告作出了一項聲明：我們也曾無條件地、出於憐憫而免了別人的債。

本來在人倫關係的網絡中，債是很常見的元素，但當債被免去時，這元素就會從人際關係中消失，再也不能左右人與人之間的接觸和溝通，代之而起的是憐憫，因為這是無條件免除債項惟一的出發點和動機。

比喻的目的

耶穌所教導的這句禱告，有一點看來有些難明：為何神要因為我們「免了人的債」而「免我們的債」？神的赦免本應是恩典，並不是人靠自己所行的善換取回來的。既是這樣，那麼不論我們是否真的免了別人欠我們的債，都不會作為神免我們的債的原因、動機或基礎。我們可以怎樣理解耶穌的話？

或許我們可以藉著耶穌的一個比喻來說明這禱告的意義。馬太福音記載了彼得問耶穌一個問題：若有人得罪他，赦免他七次是否已經足夠？耶穌回答說，不是七次，而是七十個七次，接著就講了這比喻（太十八23～35）。僕人甲所欠的「一千萬銀子」（24節）到底有多少？在原文聖經中，「一千萬」的單位是「他連得」，這是一個天文數字，因為一「他連得」相等於一個勞工十五年的工資。可見這「一千萬他連得」並不是一個真實的數字，而是要襯托出這是無法償還的超級巨債。僕人甲當然無法償還這筆債，不過欠債還錢是天公地道的，於是債主就下令要把僕人甲本人、他的妻兒及他的一切所有都變賣來還債。在僕人甲苦苦哀求下，「那僕人的主人就動了慈心，把他釋放了，並且免了他的債」（27節）。但這事剛結束，當僕人甲從裏面出來，碰見欠他十兩銀子的僕人乙，「便揪著他，掐住他的喉嚨」(28 節),迫僕人乙立即還債,不然就要把他收監,直到所有債都還清為止。「十兩銀子」有多少?所謂「兩」其實是指一個「小錢」,在當時相等於一個無技術的勞工一日的工資。相對於一千萬「他連得」,十個「小錢」只是一個極少的數目,但僕人乙還是無力償還。雖然僕人乙苦苦哀求,僕人甲一概不聽。後來有看不過眼的,把這事告訴主人,主人立時大怒,把僕人甲收監,直到一千萬銀子全數還清才釋放他。可想而知,這等於判了僕人甲「死刑」,因為他是絕對無可能重見天日的。

這比喻的目的是教導寬恕。寬恕的源頭是甚麼?就是「慈心」(太十八 27)。出於慈心,主人把一千萬他連得銀子的債一筆勾消,可見他慈心的量度簡直就比天更高、比海更深。但這剛被免去一千萬銀子債項的人卻不肯寬恕一個和他一樣窮,只欠他十個「小錢」的人,可見他是一個完全沒有慈心的人。但在他硬著心、麻木地幾乎為十個「小錢」而取人性命的時候,他自己也失去了蒙憐憫的機會;他忘記了自己是誰,也忘記了他剛得到的釋放和赦免,更因此褻瀆了那無條件免他債的人的慈心。

這比喻可說是主禱文中「免我們的債」最好的詮釋。從負面角度看,倘若我們不肯寬恕人,我們也沒有資格請求寬恕。若從正面來詮釋，這話的意思就是說：因為我們自己已經盡了能力以憐憫待那些得罪我們的人，所以我們祈求神按著祂的憐憫免去我們無法償還的債。我們對他人的寬恕，並不是獲得神的寬恕的理由，而是說明我們已經努力地、不斷地實踐憐憫和寬恕，所以我們才敢向神求憐憫。歸根究柢，這是一句向神祈求憐憫和體恤的禱告。不願意實踐寬恕的，就不敢向神求寬恕，也沒有資格祈求神的寬恕。所以，要這樣禱告的人，每次誦讀這句話時都要先撫心自問，他免了人的「債」嗎？

生活中的寬恕

在寬恕這事上，包含了三方面：（一）**我們要寬恕人**；（二）**我們也需要別人的寬恕**；（三）**我們更需要神的寬恕**。觀乎香港和國際社會發生的事，我們已有很多反省的機會。

有些人的行為，對其他人造成了無法彌補的傷害，他們所欠的「債」是大至無法用個人的力量可以補償或還清的，更何況寬恕的主動權在別人手中，其中可能有人願意寬恕，也可能有人發誓永不寬恕。在得不到別人寬恕的情況下，有些人今後一生就背負著這筆巨債。

另一些人被誣告，人格被侮辱，卻會用愛包容別人，包括傷害他們的人，用寬恕化解仇恨。在傷害他們的人沒有現身，沒有請求原諒和寬恕之時，他們主動用愛包容一切，包括那些傷害他們的人。他們不需先向得罪他們、傷害他們的人討回公道，然後才願意「免人的債」；他們的寬恕與這些人完全無關，完全獨立於別人的行動以外。

寬恕的含義

這兩種人均演繹了「免我們的債，如同我們免了人的債」的意義。從聖經教導和現實生活中的例子，我們進一步思想甚麼是寬恕。

甚麼是寬恕？就是拒絕傷害得罪了你的人，即使對方不肯認錯、不肯道歉、不肯作出補償，甚至絲毫沒有內疚的感覺。所謂「拒絕傷害」的意思，包括報復、以牙還牙、用各種方法或途徑證明對方的錯，和錯的嚴重程度。所以，寬恕基本上是單方面的，寬恕可能帶來關係的修補和重建，但不一定，除非對方最後願意承擔責任。但即使對方不願意面對自己的過失，「被罪」的一方依然可以拒絕傷害犯錯的人，這是他的選擇，是他的自由，也是他的權利。

請求赦免的一方是否能得到寬恕，要視乎他所傷害的人如何選擇。但倘若當中有人的確願意這樣行，那麼這被得罪的人就行使了掌握在他手中的權利，免了人的債。反觀被傷害的人願意以愛包容一切，包括那些傷害他的人時，除非是「做秀」，又除非是把內心的憤怒壓抑下去，甚至否認存有憤怒和不公平的感覺，否則這人該已經能面對並處理好心中的委屈、憤怒和憎恨，這些不再困擾他，不再把他拖跨了。在寬恕的功課和實踐上，這是很重要的，否則這就不是真正的寬恕。在寬恕的過程中，被罪者需要正視他的傷痛、心中各樣矛盾複雜的情緒，不應否認這些心理反應存在於內心中。進一步而言，寬恕不一定等於把別人得罪你的事忘記得一乾二淨，可能你還會記得一清二楚，不過你已經脫離了這事對你的傷害和纏繞，你可以坦然面對得罪你的人和事。

就屬靈和信仰的意義而言，（一）拒絕寬恕，結果會傷害原本無辜的旁人，電影《魔街理髮師》（*Sweeney Todd: The Demon Barber of Fleet Street*）的主角因多年前被人拆散了家庭且含冤入獄，得釋放後含恨在心，誓要報復，結果錯手殺了自己的妻子；（二）拒絕寬恕會叫自己受更深的傷害；（三）拒絕寬恕是剝奪了別人得醫治的機會；（四）拒絕寬恕會影響自己與神的關係；（五）拒絕寬恕最終會成為撒但可利用的機會。不過，倘若我們選擇寬恕，這寬恕就是基督的彰顯，也顯明我們是確實蒙神寬恕的人。

總結

在傷害人的人和被傷害者之間，誰的處境更能反映出我們現在的屬靈狀況？相信我們下意識地都會認同被傷害的人，甚至想像我們如其中一些人一樣寬宏大量。但誰願意想像自己是傷害別人的人？我的意思並不是說，我們做了相同的事，而是指我們是否能想像自己落在相同的地步：請求別人寬恕，卻又不知道會否得著寬恕。我們能想像自己背負著一生都無法還清的債，因為我們的債主不願意免我們的債？如果我們能，我們就體會耶穌所教導的禱告是何等重要，不但對個人，更是對落在這個以「債」編織的關係網絡中、緊緊相連的每一個人——寬恕是一條流通的管子，把罪的赦免透過我們寬恕的行動，流入這個網絡中，以愛和接納取代了仇恨和憤怒、分化和割裂，把我們從重重的「債」中拯救出來。

耶穌的禱告教導我們認識和面對這事實：我們每一個都是需要寬恕的人，也獲得了寬恕，所以我們理應寬恕得罪我們的人。我們每一個都是不配得寬恕的人，但倘若我們需要向神祈求寬恕，敢向神祈求寬恕，前提必須是我們已盡了自己的能力去寬恕人。我們免人的債只是一面鏡子，反映出神如何無條件地免去我們的債。

說到底，能夠寬恕只能出於愛和憐憫。所以，讓我們一同放下自己，來到基督的十字架下，互相認罪，彼此饒恕，然後一同抬頭仰望十字架，禱告在天上的父親：「免我們的債，如同我們免了人的債。」

禱告

上主，孩子仰望祢的十架。祢曾在這十架上背負我的罪，使我得赦免。上主，教導我明白寬恕的功課，又賜我願意寬恕的能力。主啊，救我脫離這些債的重擔。阿們。

思考問題

❶ 回想過去，你有寬恕人和被寬恕的經驗嗎？

❷ 在重讀主禱文有關寬恕的教導時，你有何體會？

❸ 如果寬恕的功課是難以實踐的話，耶穌為何以此教導門徒？

實踐建議

學習這禱告和實踐這教導，其實只有一個方法，就是寬恕那得罪你的人，也向你曾得罪的人尋求寬恕。若因為有些事已成過去，無法再提起的話，那麼就期望在未來的日子中，我們能夠在得罪人後，或被人得罪後，想起耶穌的教導。

7

不叫我們遇見試探

不叫我們遇見試探；救我們脱離兇惡。
馬太福音六章 13 節上

《亞洲週刊》的「封面筆記」專欄曾把香港形容為「慾望之都」，因為「從香港上載的慾望，在全球各地下載」。[1] 網上的一些裸照可以在一夜間把我們驚醒過來，使我們知道原來在這真實的世界中，有些陰暗面比我們想像中的更陰暗，而且正把我們重重包圍。只要我們願意，就可以一嘗情慾所帶來的滿足、快感和刺激；我們只要動一動指頭，這些感觀上的滿足和刺激，就會源源不絕地湧進我們的心靈和意識中。在這慾望的狂潮中，我們切身地體會到，耶穌教導我們禱告「不叫我們遇見試探，求我們脱離兇惡」是何等重要，在今天仔細思想又是何等合時宜。

最後一項請求

這句禱文，是這篇「主耶穌的禱文」的結束，因為如果我們把馬太福音六章 13 節下的榮耀頌略去的話，這項請求就是主禱文最後的一句話。

「不叫我們遇見試探，救我們脫離兇惡」是主禱文三項請求中的最後一項，亦可說是這篇禱文的高潮。主禱文這樣的鋪排顯見心思，因為整篇禱文以神的名——即神的本性——開始，最後則以人的本性或處境結束。相信這就是任何形式的禱告的兩大重點：在禱告中人必須面對神，同時必須面對人自己本來的面目，兩者缺一不可。

此外，在三項請求中，這一項的內容較前兩項更明顯地與將來有關。第一項請求牽涉的，是人每天的基本需要，是恆常性的；第二項所牽涉的，是人背負的債，由過去一直延伸到現在；但第三項請求，一方面反映出人目前的現實狀況，也同時關心未來的日子，所以是由現在延伸到將來。不但如此，在三項請求中，第一項是較個人，涉及的層面和範疇相對較狹窄；第二項請求也關涉個人，但牽涉的層面明顯較廣泛；而第三項請求所牽涉的層面既是個人，也同時是一個普世的問題，就是兇惡或邪惡的存在。

與前面兩項請求一樣，第三項請求很真實地反映人的現實處境，就是身處試探和兇惡（或作「邪惡」）中。「試探」和「兇惡」有何關係？稍後會作解釋，但在這裏我們先區分兩者：「試探」可能與「兇惡」有關，但「兇惡」不一定是「試探」的源頭；而「試探」可能會令人陷入「兇惡」中，但並非必然。不過，在理解耶穌教導的禱告中，我們必須認清這事實：在「兇惡」面前，人是沒有招架之力，是脆弱和不堪一擊的，不管多麼願意去抵抗或掙扎，也不管有多警覺，或用心有多良苦。所以，這項請求比前兩項更反映出人處境的危險和本性的軟弱。

不叫我們遇見試探

其實，耶穌的話中包含一個令人費解的神學難題。在《和合本》的翻譯裏，「不叫我們遇見試探」似乎把這神學問題的嚴重性稍為淡化了或隱藏了，《和修》譯為「不叫我們陷入試探」則較為直接，而最直接地呈現出問題的嚴重性和難解的，是一些英文版本的翻譯 “lead us not into temptation”，意思即「不要引領我們進入試探」，明顯假設了神會把人引領進入試探中！這就是問題所在。按我們的理解，試探引來犯罪的因果關係幾乎是必然的，既然如此，神怎麼會把人帶進試探中？這豈不是說，神有意使人犯罪？而耶穌教導門徒這樣禱告有何意義？我們當如何理解「試探」？

在某些時候，試探不一定是負面的。報章上曾經報導過一個故事，在英國一個六十二歲的老翁於十多年前中了億元彩票，一夜間成了富豪。他兩年後結識了一個女朋友，但因為擔心她「講金不講心」，所以他一直扮窮，每次約會都只去些廉價的餐館，駕駛一輛又骯髒又爛的車。如是者過了一年，終於試出女友是真心的，始將真相告知對方。相信這事可以作為「試探」的一個典型例子。在試探中，受試探的一方隨時會有失敗的可能，在這例子中，女朋友可能會嫌他窮而離開他，又或許在事後知道自己一直受試探而感到被騙，一下子與男方決裂。但從男方的出發點來看，他並不想女方跌倒，只是想真正知道她的內心如何。這老翁所設計的試探會「引人犯罪」，但卻不一定會如此收場。

從聖經中我們知道，耶穌的話其實有其真實之處，因為聖經中確實有不少例子，記載神引領人進入試探中。其中最戲劇化的例子之一，就是約伯。神的確有意把他引領進入試探中，方法是相繼奪去他的財產和兒女，最後更讓約伯失去妻子的諒解和支持，而且身上長滿了毒瘡，孤獨地坐在垃圾堆中。惟一的安慰就是手中的瓦片，當用來刮身體時能給他些微的舒緩。特別值得我們注意的，是作者總結約伯在神的試探中的表現時說的話：「在這一切的事上約伯並不犯罪，也不以神為愚妄」（伯一22），其後又說：「在這一切的事上約伯並不以口犯罪」（二10）。倘若約伯真的犯起罪來，他會犯甚麼罪？就是「當面棄掉」神，即咒詛神，離棄祂，這是撒但認為約伯在這處境中，必然會有的反應（一11，二5）。藉這記載，我們可以體會到，在試探中的約伯離犯罪只一線之隔！是甚麼使約伯沒有越過這犯罪的界線？是他對神的順服和信任：「賞賜的是耶和華，收取的也是耶和華，耶和華的名是應當稱頌的。」（一21）後來，當他的妻子勸他「棄掉神」，他回應說：「難道我們從神手裏得福，不也受禍嗎？」（二10）從約伯的例子，我們看見試探會從神而來，而試探確實包含了犯罪的機會，但試探不一定會令人犯罪，亦會給人機會，讓人表現出對神的信心和信任。

為甚麼神要把人帶入試探中？從舊約看，倘若神試探人，通常都有正面的目的：一方面要知道人的心意，要測試人敬畏神的程度，亞伯拉罕就是這方面的例子（創二十二 12）。其次，神的試探有時候有訓練的作用，以色列人在曠野四十年，就是這樣的一段試探期，使他們知道人活著是靠神口中的話語，而非靠肉身或物質的食物（申八 2）。第三種神試探人的情況則是出於神的審判和懲罰，就如士師記中迦南人之於以色列人。因為以色列沒有遵照神的吩咐，斷絕與迦南人的來往，且受他們影響，去敬拜迦南人的神，神就藉還存留的迦南人來試探以色列，作為對他們的懲罰。不過，我們要注意的，是這懲罰非出自惡意，而是出自善意，目的是要以色列人汲取教訓（士二 20～22），返回順服和遵行的道路。

我們最熟悉的例子，就是耶穌基督在曠野受魔鬼試探（太四 1～11），在這連串的試探中，我們相信有神的參與。當時耶穌剛受了浸，祂從水裏上來的時候，就有「神的靈彷彿鴿子降下，落在他身上。從天上有聲音說：『這是我的愛子，我所喜悅的。』」（太三 16～17）我們看見，耶穌所受的試探，每一輪都蘊藏著犯罪的機會和可能，耶穌隨時會失敗跌倒。

這些記載，讓我們明白「試探」的多面性。基本上，試探是考驗，有正面的含義、作用和目的，就是要使受考驗的人在屬靈生命和愛神的心上更成熟、更堅強、更單純更專一。另一方面，接受考驗的人也可以藉此機會表達和操練他對神的愛、虔敬、敬畏和順服等屬靈的價值和質素；約伯所受的考驗就是屬於這類，因為神相信約伯可以經得起考驗，所以讓撒但考驗約伯。與這正面效果同時並存的，就是犯罪的可能，因為人的本性是軟弱的，隨時都可能失敗。約伯隨時會做出撒但認為他會做的事，就是「當面棄掉」神。亞伯拉罕前往摩利亞山的路上，隨時可以回心轉意，拒絕獻上以撒。耶穌基督則大可以出於好奇，想了解自己作為神的「愛子」到底有多大能力，而把身旁的石頭變成可以充飢的食物。這就是「試探」的可怕：「試探」本身不一定是罪，但若在試探中失敗，會把人陷於罪中。

救我們脱離兇惡

既然來自神的試探帶有正面的作用和目的，那麼耶穌教導門徒這樣禱告的作用何在？答案是，人始終是人，神所給的試探雖然有正面的作用，但受到這樣的試探依然是一件可怕的事，從剛才所提到的例子可見，那些落在神的試探中的人所受的煎熬，是何等難受！落在試探中的人好像被神離棄了，神似乎突然間從他生命中消失了一樣，更何況在試探最大的時候，人會有背叛神、離棄神的可能和動機，因此從「試探」

中得勝與失敗，只是一線之差。人既是如此軟弱，又怎能有把握勝過試探？

若是如此，那麼當人落在試探中，有何盼望？這問題的答案就在這請求的第二部分：「救我們脫離兇惡。」這話要我們正視這事實：兇惡是存在的，兇惡是人犯罪最終的源頭，而人在試探中犯罪離棄神、背叛神，就是兇惡最終的彰顯和勝利。面對兇惡，人是無能的，無法脫離，因為兇惡存在於世界每一個角落。只有神拯救人，人才可以不受兇惡纏繞；惟獨神的拯救，人才能在受試探時不致犯罪。試探雖然可以使人的生命純如精金，但面對很大的試探，人可能會把持不住，被兇惡所勝。信徒正正就落在這樣的掙扎中。

但信徒如何能從兇惡中得拯救？神又如何拯救我們「脫離兇惡」？答案在「主耶穌的禱文」的開頭：當天父的名被尊為聖的時候；當天父的國降臨的時候；當天父的旨意成就在地，如同成就在天的時候。到時，兇惡就被勝過，我們就能脫離兇惡的纏繞和捆綁。那麼神的國降臨了嗎？神的國的確是降臨了，但沒有完全地降臨，信徒是生活在這個「已然」(already)與「未然」(not yet)的間隙中。我們要肯定這事實——基督的救恩是完全的，我們的罪已經被赦免了，所以我們現時已經經歷到神把我們從兇惡中拯救出來的真實。

不過，地上的景況沒變，我們仍要在肉身活著，在這物質世界中，神的國還沒有完全彰顯出來，所以我們仍在等候，仍在盼望。當時候到了，神的得勝會完全彰顯，信徒會完全被「拯救脫離兇惡」。

最終而言，主禱文中第三項請求所表達的，是一個**謙卑的禱告**，承認自己的軟弱。這也是一個信心的禱告，因為這禱告假設了神在掌權，「救我們脫離兇惡」；雖然「兇惡」是厲害的，卻並非失控。這是一個**向神求憐憫的禱告**，因為這禱告的前提，是神把我們帶進試探中，而在神的試探的煎熬中，人可能會把持不住、跌倒、失敗，所以人求神不要讓所加諸我們身上的試探，成為叫我們犯罪跌倒的誘因。在這方面，相信保羅在哥林多前書十章13節的話能給我們一點安慰：神出於憐憫，在試探中為信徒開一條出路，以致我們能承受加諸我們身上的。

因為我們在生活裏被「兇惡」包圍，而「兇惡」是我們跌倒的原因，而且生活各種處境都有可能成為神對我們的試探和考驗，所以「不叫我們遇見試探，求我們脫離兇惡」，應該是我們每天的禱告。

總結

從這句結束主禱文的話回望整篇禱文，我們就明白這項祈求放置在最後和最重要的位置的意義和心思。人活在世上，有很多難測之處，有「日用的飲食」的挑戰，也背負著「債」的重擔，這些都是「試探」臨到我們的機會，也是我們被「兇惡」勝過的機會。所以，耶穌以一句祈求拯救的話，來結束這篇模範禱文。

這篇禱文的大前提，是我們與神之間是父親與兒女的關係，在這基礎上，我們向神求生活的供應，也求從債中得釋放，更求從兇惡中得拯救。向天父求拯救是我們要禱告最重要和最基本的原因。在這過程中，我們以信心來到天父跟前，以赤誠之心向祂陳述我們的需要，並等候祂。

從耶穌的教導，我們明白到祈禱不是解決問題的方法，也不是滿足我們各種需要的手段。雖然事實上這些經常是我們禱告的動機，而耶穌也沒有完全抹煞我們為這些事祈禱的需要，但最終而言，祈禱是我們等候神國度降臨的表達，是我們開放自己的生命讓神動工，透過我們在這世界動工的表達。祈禱讓人認識自我的處境，因而可以帶著謙卑的心，祈求和等候神最終的得勝和救贖。如果我們都能學習主禱文的祈禱方式，實踐主禱文的屬靈操練，那麼我們就要被更新，我們屬靈的生命就會扎根更深。

禱告

曾降世為人的基督耶穌，孩子仰望祢，祢知道人的軟弱，知道人活在地上的張力和交戰。主啊，憐憫我，因為孩子軟弱，求祢看顧、扶持，使我不致落在罪的引誘和試探中。阿們。

思考問題

❶ 你對試探和兇惡有何體會？

❷ 從這些經驗，你能明白人的本質是甚麼嗎？

❸ 落在試探中的時候，我們有甚麼盼望？

實踐建議

耶穌所教導的禱告，有另一個假設，就是我們知道試探何時臨到我們，以及能夠辨別出我們何時遇見兇惡（或「那惡者」）。學習這功課，其實是我們屬靈操練一個很重要的目的；我們禱告，求耶穌給我們這種屬靈辨別的能力，又給我們順服的心，可以回應祂聖靈的催促和引導。

註釋

簡介主禱文

1. John Dominic Crossan, *The Greatest Prayer: Rediscovering the Revolutionary Message of the Lord's Prayer* (New York: HarperCollins, 2010), 1~2.
2. 現時馬太福音中的主禱文是以「榮耀頌」作結（13 節），但新約學者普遍認為在耶穌教導門徒作此禱告時，沒有這句話。
3. 參 J. L. Houlden, "Lord's Prayer," *The Anchor Bible Dictionary*, ed. David Noel Freedman et. al. (New York: Doubleday, 1992), K~N: 358。
4. 參 W. O. Walker, "The Lord's Prayer in Matthew and John," *New Testament Studies* 28 (1982):237~256；Houlden, "Lord's Prayer"。
5. 這些語句都不是原原本本地直接引述的。包括「父啊」（約十七 5、11、21、24、25）；「名」（6、11 ～ 12、26 節）；「榮耀」（1、4 ～ 5、22、24 節）；「地上」（4 節）等。資料來自 Walker, "The Lord's Prayer in Matthew and

John,"237~256。另可參本書頁 8 附表。

6. *Didache*. (March 28, 2016). In Wikipedia, The Free Encyclopedia. Retrieved 05:32, April 8, 2016, from https://en.wikipedia.org/w/index.php?title=Didache&oldid=712397940；另參 Robert a. Kraft, "Didache," *The Anchor Bible Dictionary*, ed. David Noel Freedman et. al. (New York: Doubleday, 1992), D~G: 197~198。
7. 筆者譯自 Crossan, *The Greatest Prayer: Rediscovering the Revolutionary Message of the Lord's Prayer*, 191。
8. R. T. France, *The Gospel of Matthew*, The New International Commentary on the New Testament (Grand Rapids: William B. Eerdmans, 2007), 153。根據 France，登山寶訓的內容共有一百零七節，是此福音書內各段耶穌的論述中最長的，可見其重要性。參 France, *The Gospel of Matthew*, 8~10。
9. 參 M. Eugene Boring, "The Gospel of Matthew," *The New Interpreter's Bible*, ed. Leander E. Keck et. al. (Nashville: Abingdon, 1995), VIII: 171~173。
10. 參 Joseph A. Fitzmyer, *The Gospel According to Luke X~XXIV*, the Anchor Bible Commentary (New York: Doubleday, 1985), 896~901。
11. 馬太福音中的有七個。
12. 如馬太福音六章 13 節下。
13. 參《和合本修訂版》及《新漢語譯本》。
14. 參《和合本修訂版》及《新漢語譯本》。
15.《新漢語譯本》譯「求你按日賜給我們每天所需要的食物」。
16.《新漢語譯本》譯「求你不要讓我們陷入試探」。「試探」可能指末世來臨前的試煉，或在試煉中叛教的可能性。
17. 根據新學者 Jeremias，在信徒訓練中應用「主禱文」最佳的例子，要算公元三五〇年一名耶路撒冷教會的長老歐利羅（Cyril of Jerusalem）。Joachim Jeremias, *The Prayers of Jesus*, trans. John Bowden et. al., Studies in Biblical

Theology, second series 6 (London: SCM Press, 1967), 82。

18. 取自 Houlden, "Lord's Prayer," K~N: 357。

3 我們在天上的父

1. 見《亞洲週刊》第二十二卷六期(2008 年 2 月 10 至 17 日),頁 4。

7 不叫我們遇見試探

1. 邱立本:〈上載慾望,下載權利〉,《亞洲週刊》第二十二卷七期(2008 年 2 月 24 日),頁 4。

緊扣時代 服事教會

以文字傳揚基督真道

讀者意見表

衷心多謝你購買本社書籍。本社一直致力以出版事工服事教會，幫助信徒扎根於神的話語，促進靈命增長。為使我們的出版更能滿足你的需要，請填寫下列各項資料，並寄回或傳真予本社。

所購書籍：______________________

本書最吸引你的地方：

□作者　□適切性　□文筆　□設計　□實用性

□其他：______________________

購買本書地點：

□基道書樓　□基督教書店　□非基督教書店

性別：□男　□女　職業：______________________

信仰：□基督徒　□非基督徒

年齡：□ 16 歲或以下　□ 17～25 歲　□ 26～35 歲

□ 36～55 歲　□ 56 歲或以上

學歷：□中三或以下　□中五　□預科

□大學　□研究院

□我欲更多了解基道出版社的事工及考慮支持，請寄給我下列資料：

□機構簡介　□新書資料　□基道會員通訊

□《基道文字事工通訊》

姓名：______________________ 電話：______________________

地址：______________________

____

傳真：______________________ 電子郵件：______________________

其他意見：______________________

____

多謝賜教！

意見表可以傳真（2687-0281）或直接郵寄以下地址：

香港沙田火炭坳背灣街26號富騰工業中心1011室

基道出版社編輯部收